QUESTIONS RÉPONSES

DÈS 7 ANS

Planète microbes

écrit par **Muriel Zürcher**
illustré par **Nicolas André**

avec la collaboration de **Monica Sala,**
directrice de l'Enseignement de l'Institut Pasteur

« Parce qu'il n'y a pas d'âge pour vouloir devenir chercheur. »
Arnaud Fontanet, qui a voulu devenir
médecin à l'âge de 9 ans.

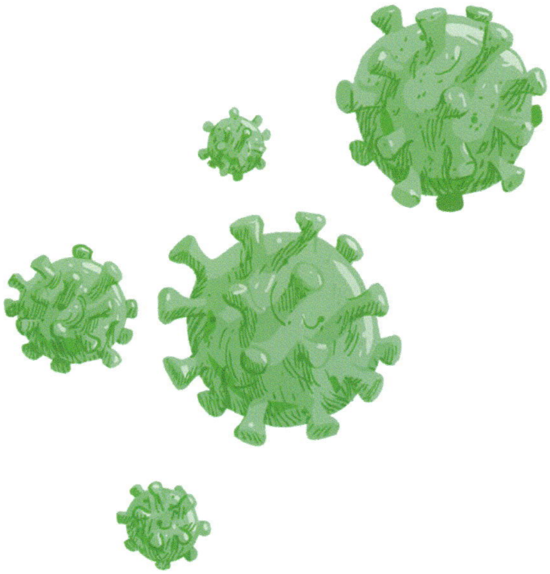

Nathan

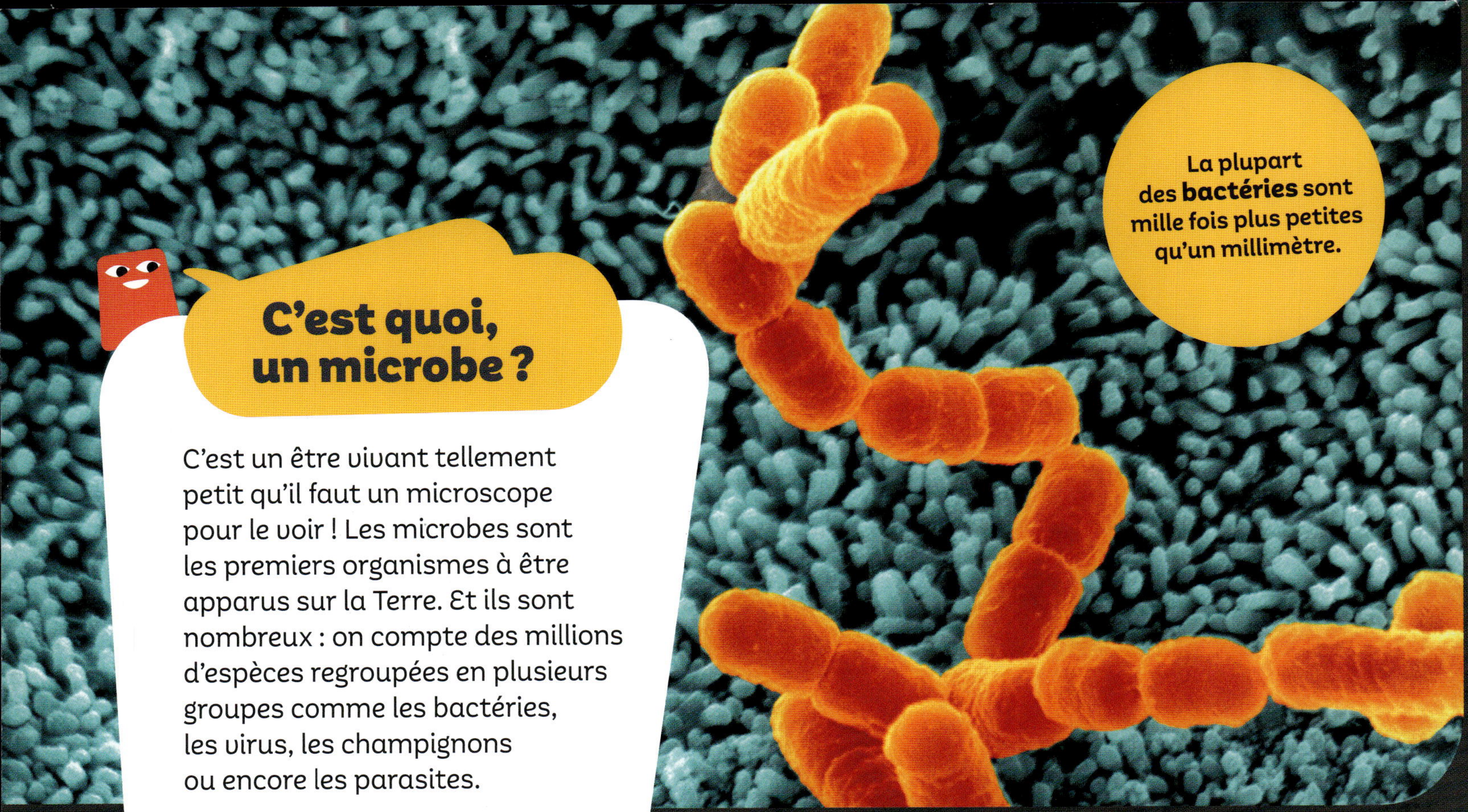

C'est quoi, un microbe ?

C'est un être vivant tellement petit qu'il faut un microscope pour le voir ! Les microbes sont les premiers organismes à être apparus sur la Terre. Et ils sont nombreux : on compte des millions d'espèces regroupées en plusieurs groupes comme les bactéries, les virus, les champignons ou encore les parasites.

La plupart des **bactéries** sont mille fois plus petites qu'un millimètre.

Les **parasites** sont les plus gros des microbes.

Les minuscules **champignons** peuvent former de grandes moisissures.

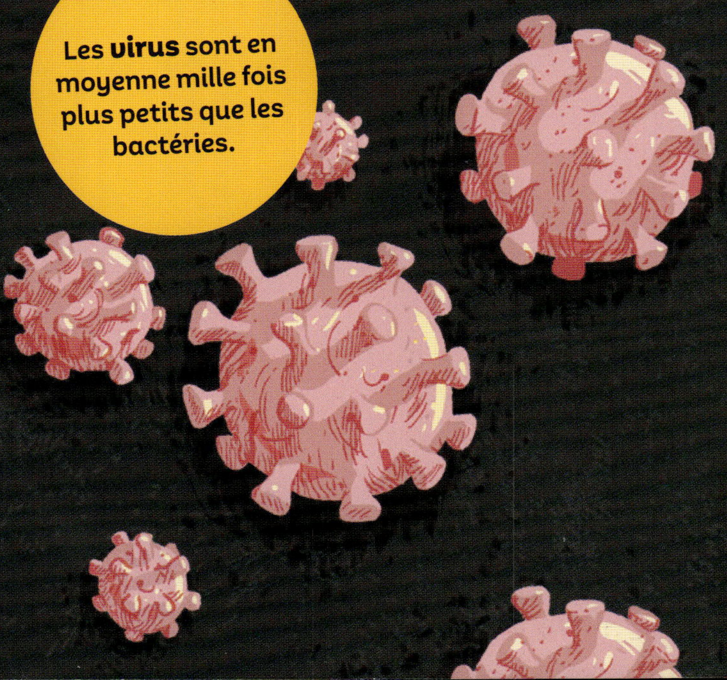

Les **virus** sont en moyenne mille fois plus petits que les bactéries.

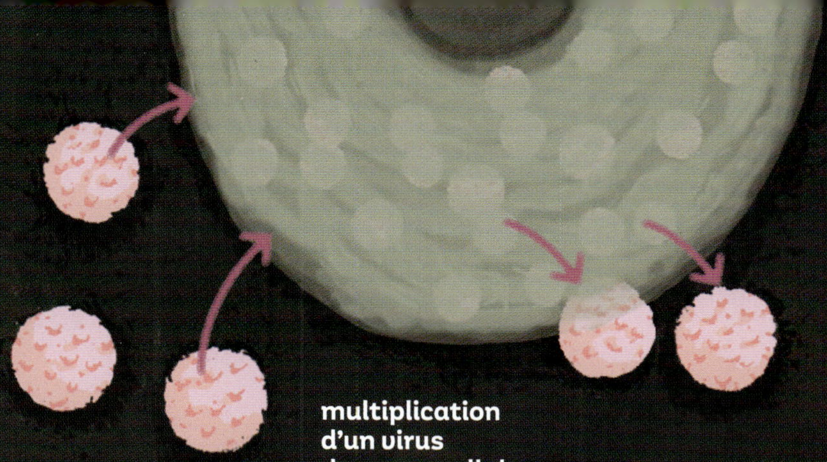

multiplication
d'un virus
dans une cellule

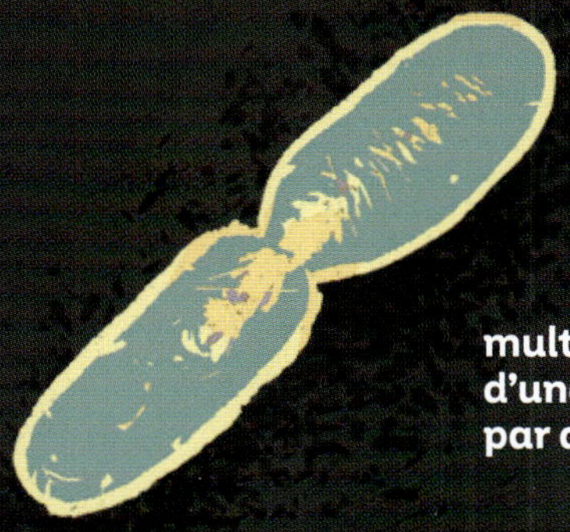

multiplication
d'une bactérie
par division

Quel est leur but dans la vie ?

Survivre et se multiplier le plus rapidement possible pour conquérir toujours plus de territoire. Les bactéries se multiplient en se divisant pour former deux bactéries jumelles. Certaines se divisent tous les quarts d'heure !
Le virus, lui, a besoin d'aide pour se multiplier : il pénètre dans une cellule et l'oblige à fabriquer des milliers de nouveaux virus. La cellule infectée devient une photocopieuse à virus !

Faut-il avoir peur des microbes ?

Certains microbes, les pathogènes, peuvent nous rendre malades. Mais la plupart ne sont pas dangereux. Beaucoup nous sont même très utiles. Il y a ceux de notre corps, qui nous aident à vivre, mais aussi ceux de notre environnement. Par exemple, certains microbes nettoient nos eaux usées. Et on ne pourrait fabriquer ni pain ni yaourt si la levure (un champignon) et les bactéries n'existaient pas.

INCROYABLE !

Parmi les microbes, les bactéries extrémophiles sont les championnes de la survie ! Un cosmonaute en a même découvert sur la paroi de la Station spatiale Internationale. Elles avaient survécu plusieurs années dans l'espace… sans combinaison spatiale !

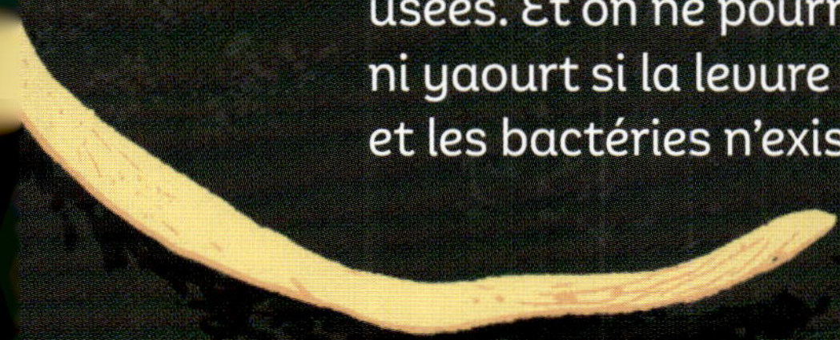

Mais où sont les microbes ?

Même si on ne les voit pas, ils sont partout : autour de nous, sur nous, à l'intérieur de nous. On les trouve aussi bien dans l'air, la terre, l'eau (ils en raffolent !) que dans la nourriture et chez tous les êtres vivants. On en prend et on en dépose un peu à chaque fois qu'on touche un objet, comme le téléphone, l'interrupteur, ou le robinet.

INCROYABLE !

Presque la moitié de notre caca est composé de microbes ! Il contient les bactéries mortes de nos intestins mais aussi certains virus qui peuvent nous rendre malades. C'est pour ça qu'il faut éviter de le toucher.

On en a dans notre corps ?

Oui ! Notre corps contient environ 100 000 milliards de microbes, c'est environ deux fois plus que le nombre total de cellules du corps humain. Rien que dans nos intestins vivent 1 à 2 kilos de bactéries et de virus ! Cette grande colonie qu'on appelle le microbiote est très utile : il nous aide à digérer, à utiliser le sucre et le gras de notre alimentation. Il communique même avec le cerveau à propos de notre santé !

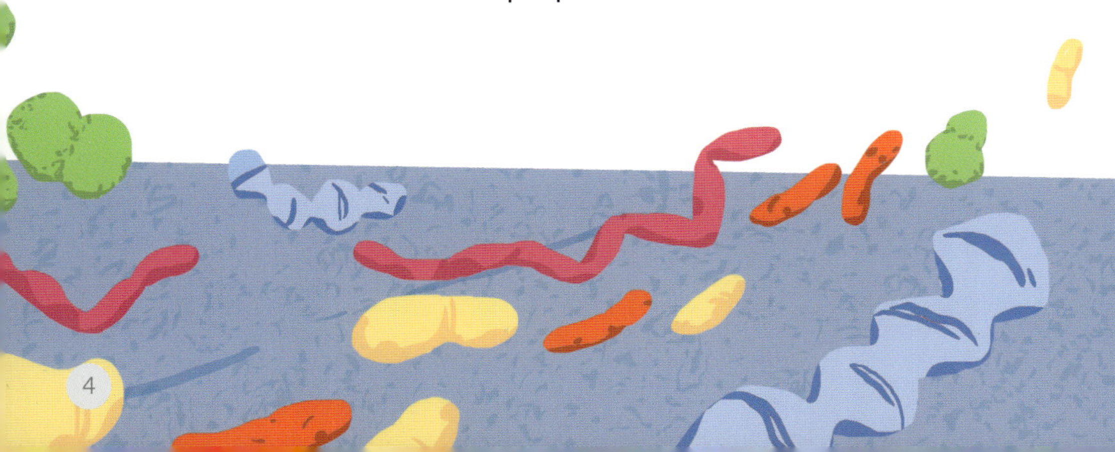

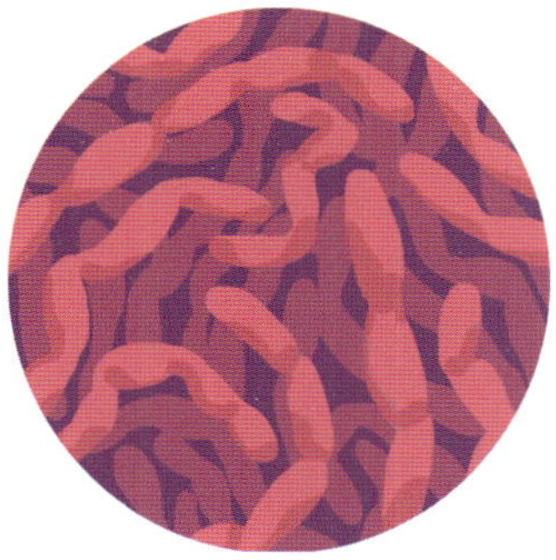

peau
Sur notre peau, la bactérie *staphylococcus epidermidis* empêche l'installation de microbes pathogènes, mais elle peut aussi créer des infections quand le corps est affaibli.

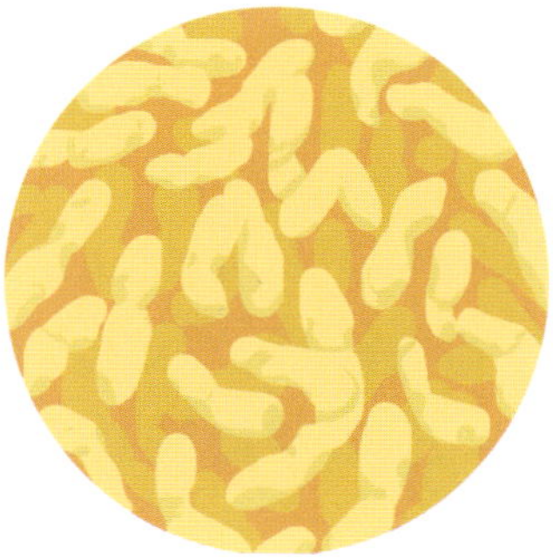

visage
À l'adolescence, la peau produit beaucoup de sébum, une substance grasse qui l'empêche d'être sèche. La bactérie *propionibactérium acnes* qui mange ce sébum est parfois débordée ! Le sébum s'accumule et crée des boutons d'acné.

bouche
Malgré les microbes qui protègent notre bouche, la bactérie *streptococcus mutans* parvient parfois à grignoter nos dents. Aïe, une carie !

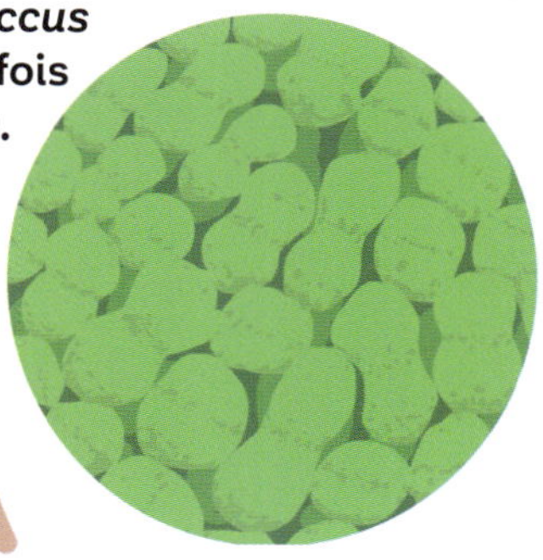

ventre
Dans nos intestins vivent jusqu'à 2 000 sortes de bactéries différentes ! Une partie d'entre elles fabriquent le gaz de nos pets.

pied
Quand la bactérie *bassilus subtilis* mange et digère notre transpiration, elle fabrique un gaz à l'odeur de vieux fromage pourri !

Les animaux transmettent-ils des microbes ?

Avec l'activité humaine, des microbes issus des animaux sauvages ou d'élevage entrent plus souvent en contact avec les humains.

Oui. De nombreux animaux ont des microbes qui ne les rendent pas malades mais qui peuvent être dangereux pour les humains à qui ils les transmettent. C'est le cas par exemple des moustiques, tiques, chauve-souris, cochons, canards, rats, moutons... On les appelle des animaux réservoirs. Leurs microbes s'attrapent en s'approchant d'eux, en étant piqués ou mordus, en mangeant l'animal, en le touchant lui ou bien son pipi, son caca et même... son cadavre !

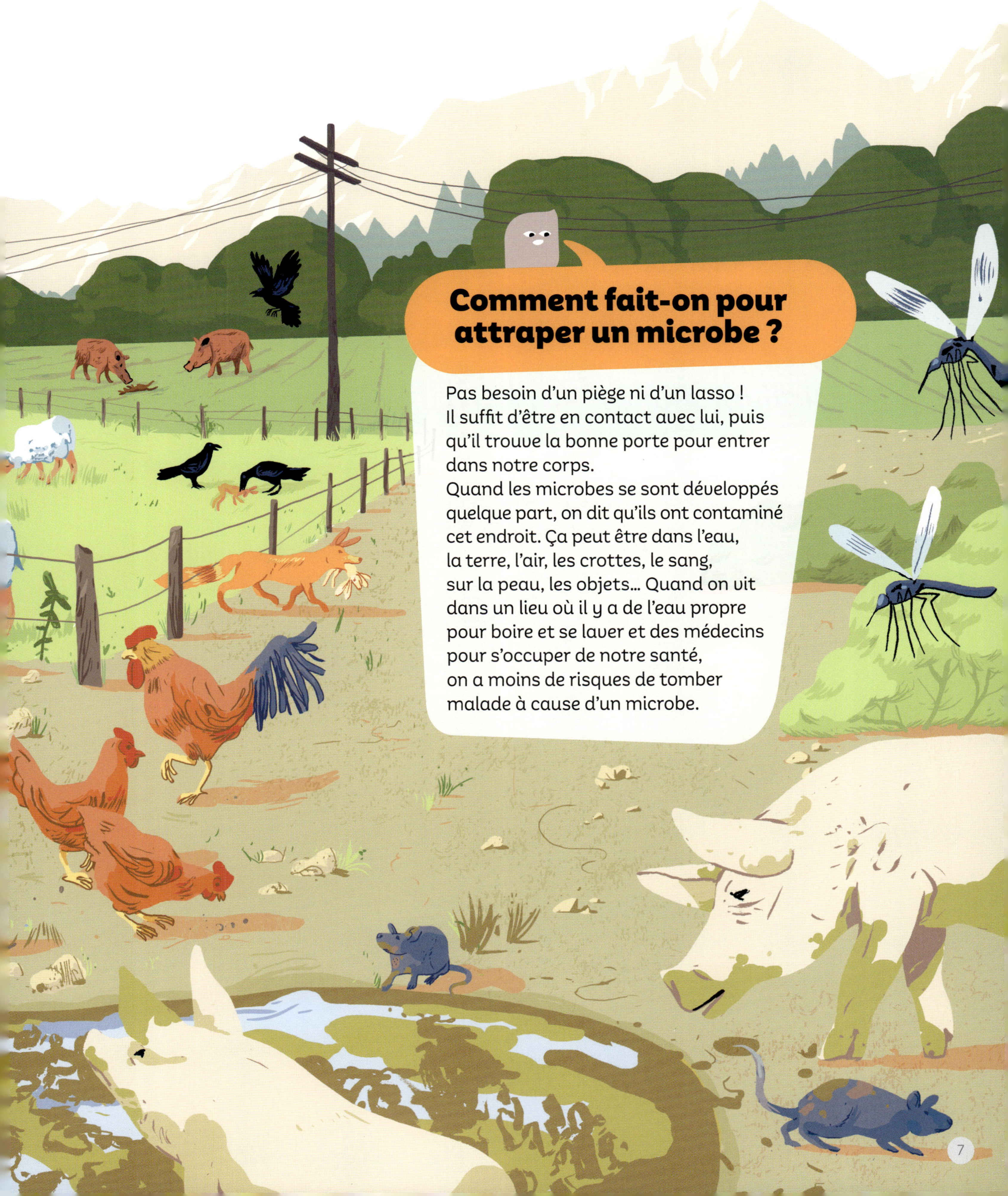

Comment fait-on pour attraper un microbe ?

Pas besoin d'un piège ni d'un lasso ! Il suffit d'être en contact avec lui, puis qu'il trouve la bonne porte pour entrer dans notre corps.
Quand les microbes se sont développés quelque part, on dit qu'ils ont contaminé cet endroit. Ça peut être dans l'eau, la terre, l'air, les crottes, le sang, sur la peau, les objets… Quand on vit dans un lieu où il y a de l'eau propre pour boire et se laver et des médecins pour s'occuper de notre santé, on a moins de risques de tomber malade à cause d'un microbe.

Par où les microbes entrent-ils ?

La peau de notre corps est comme une forteresse qui nous protège de l'invasion des microbes. Mais des portes d'entrée comme les yeux, la bouche, le nez, le sexe leur permettent de s'y introduire. Ils peuvent aussi se glisser dans nos petites plaies, coupures, brûlures ou piqûres.

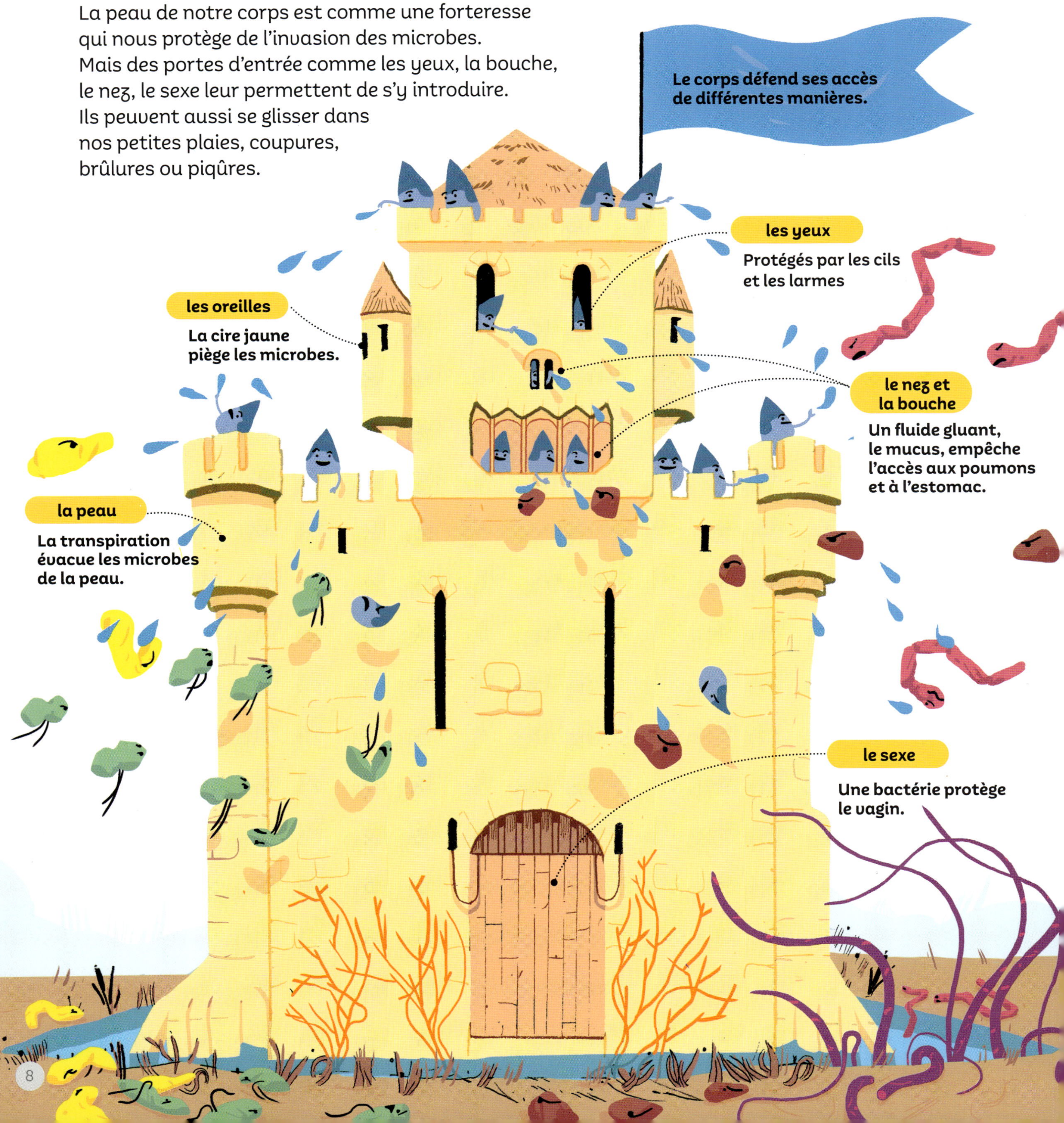

Pourquoi des gestes barrières ?

Pour se protéger et protéger les autres en limitant la transmission d'un microbe. Par exemple, se laver souvent les mains et désinfecter les plaies. Ces gestes ne sont pas toujours les mêmes, car cela dépend du microbe qu'on veut tenir à distance. Voilà pourquoi il est important de savoir comment le microbe circule, où on risque de l'attraper, et par quelle porte il entre dans le corps.

On boit uniquement de l'eau potable pour se protéger des microbes qui peuvent être présents dans l'eau non contrôlée.

En cas d'épidémie de microbes qui se déplacent dans l'air, on aère les pièces, on porte un masque, on tousse dans son coude et on respecte une distance physique.

Dans les régions chaudes, on se protège avec une moustiquaire et on vide les points d'eaux stagnantes où les insectes qui transmettent des microbes se reproduisent.

Moi, je préfère les masques de carnaval !

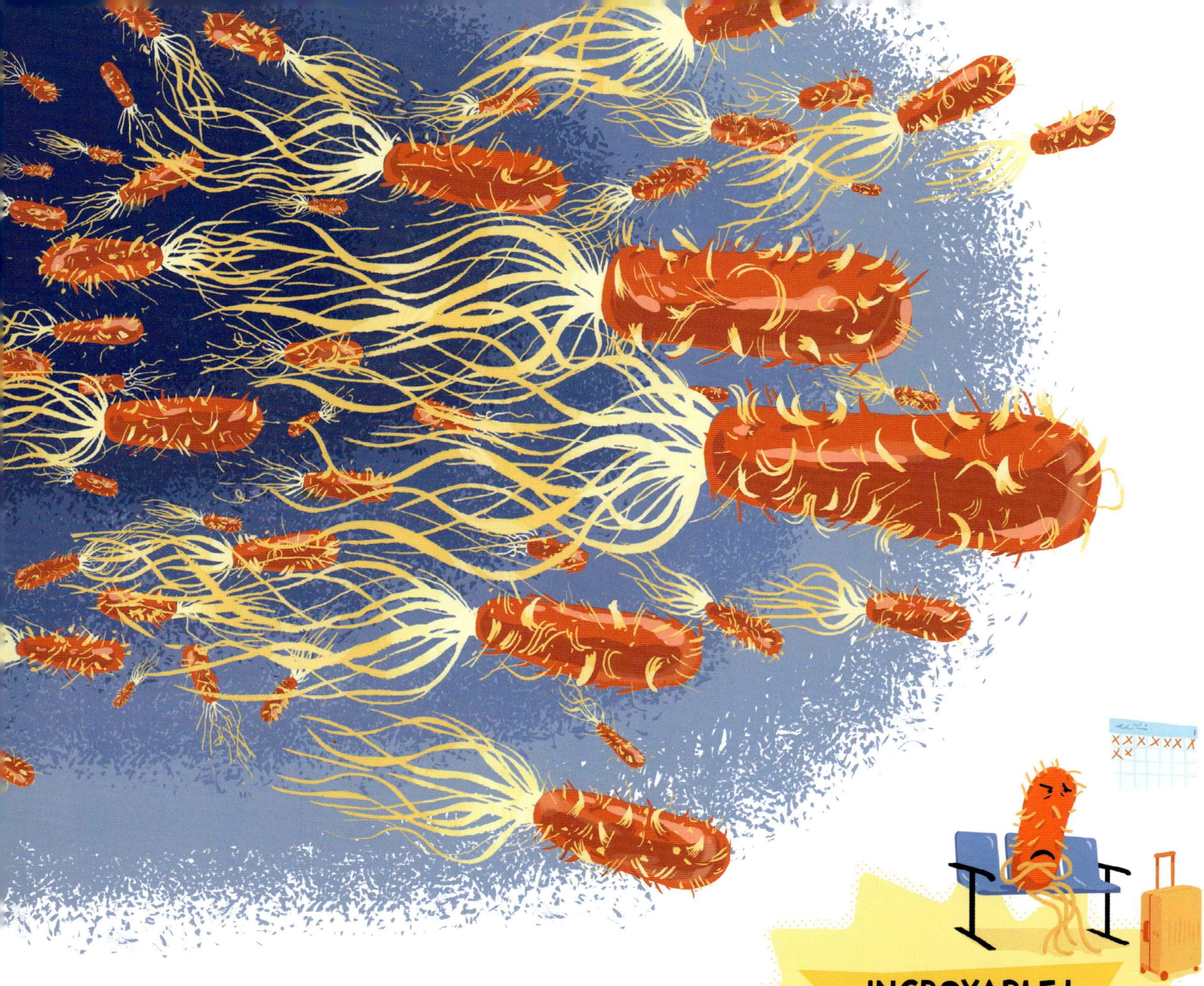

INCROYABLE !

La quarantaine consiste à isoler des personnes venues d'un endroit où circule un microbe pathogène pour éviter qu'elles le transmettent. Sa durée est variable en fonction du microbe. Auparavant, elle durait 40 jours.

Les microbes, des guerriers de génie ?

Les microbes ont développé des manières différentes de rendre malade. Dès qu'ils sont entrés dans le corps, ils se cachent ou se multiplient puis passent à l'attaque. Certains empoisonnent la cellule, d'autres la paralysent, la détruisent ou même la font travailler contre le corps. Pas étonnant qu'on tombe malade !

Dans un duel, tu choisirais la tactique virus ou bactérie ?

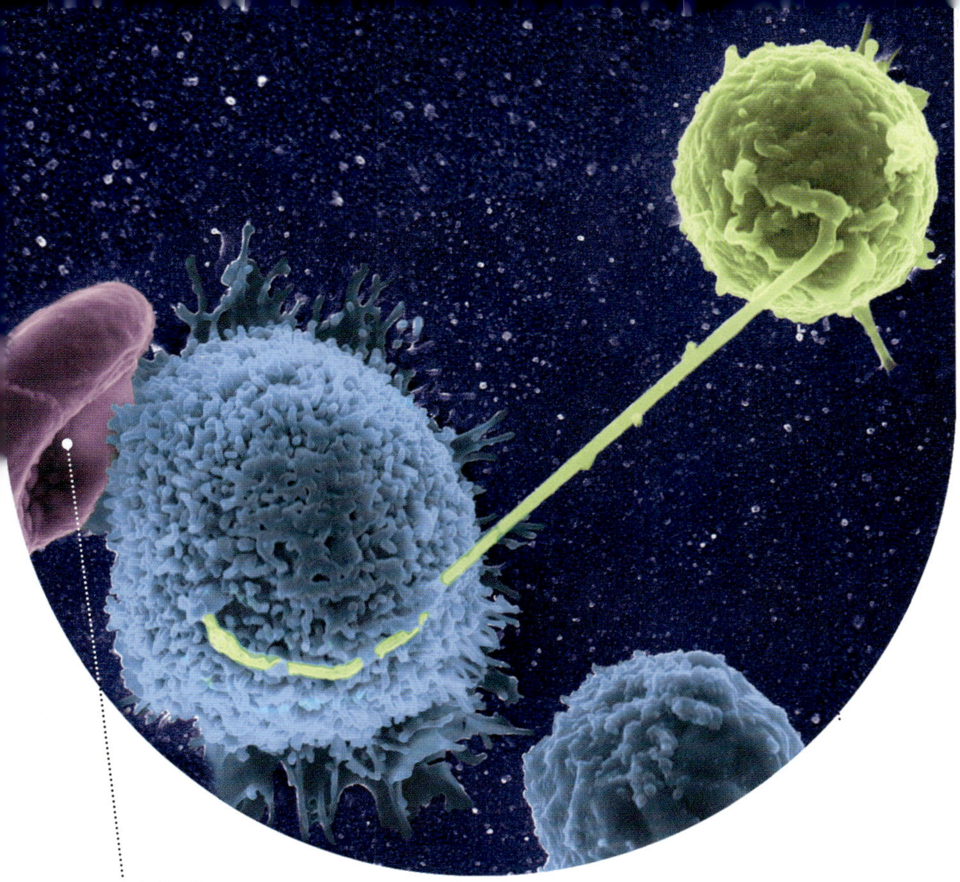

Une cellule infectée par un virus (en jaune) le transmet à une autre cellule (en bleu).

Bactéries et virus, même combat ?

Les bactéries et les virus pathogènes attaquent les cellules de notre corps, ce qui nous rend malade. Mais ils n'agissent pas de la même manière. Les virus entrent dans nos cellules et changent leur mode d'emploi en les obligeant à fabriquer de nouveaux virus. Les bactéries, elles, n'ont pas besoin d'une cellule pour se répliquer. Elles le font partout où elles trouvent de bonnes conditions pour survivre.

C'est quoi, la période d'incubation ?

Quand un virus entre dans le corps, il commence par se cacher puis se multiplie à l'intérieur des cellules sans qu'on s'en aperçoive. C'est seulement plusieurs jours, ou même plusieurs années après, que le virus passe à l'attaque et qu'on tombe malade. Ce laps de temps entre l'arrivée du virus dans le corps et l'apparition de la maladie s'appelle la période d'incubation.

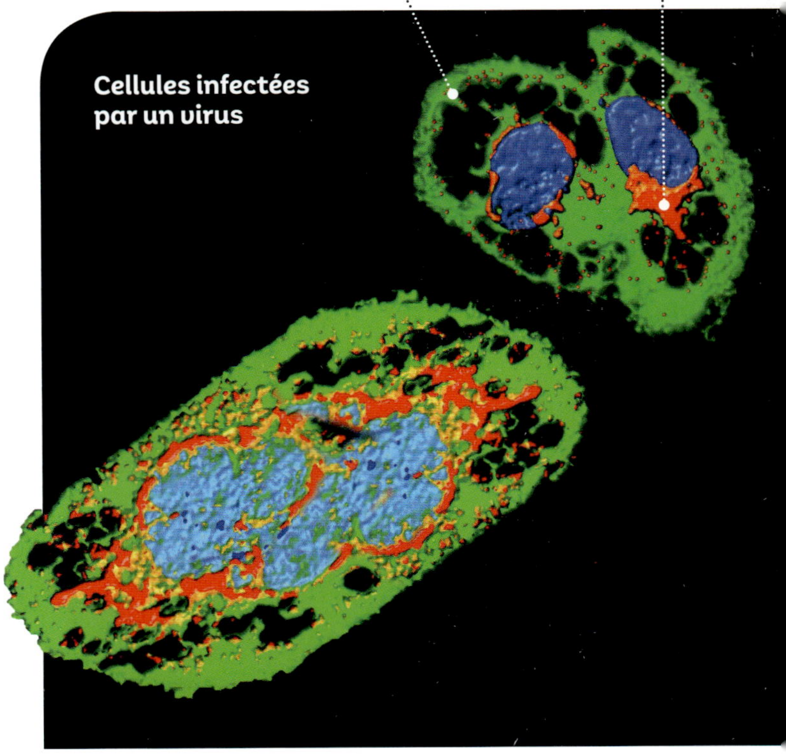

Cellules infectées par un virus

Des microbes attaquent : que fait le corps ?

Des cellules sentinelles qui circulent partout dans le corps repèrent très vite les microbes et les combattent immédiatement. Parmi elles, les macrophages avalent les microbes, les digèrent, les recrachent et recommencent ! C'est la phagocytose.

De leur côté, les cellules dendritiques partent donner l'alerte aux autres cellules de défense. Souvent, cette première réaction du corps suffit pour éliminer les microbes. On l'appelle la réponse immunitaire innée.

Voici ce qu'il se passe quand une écharde rentre dans la peau.

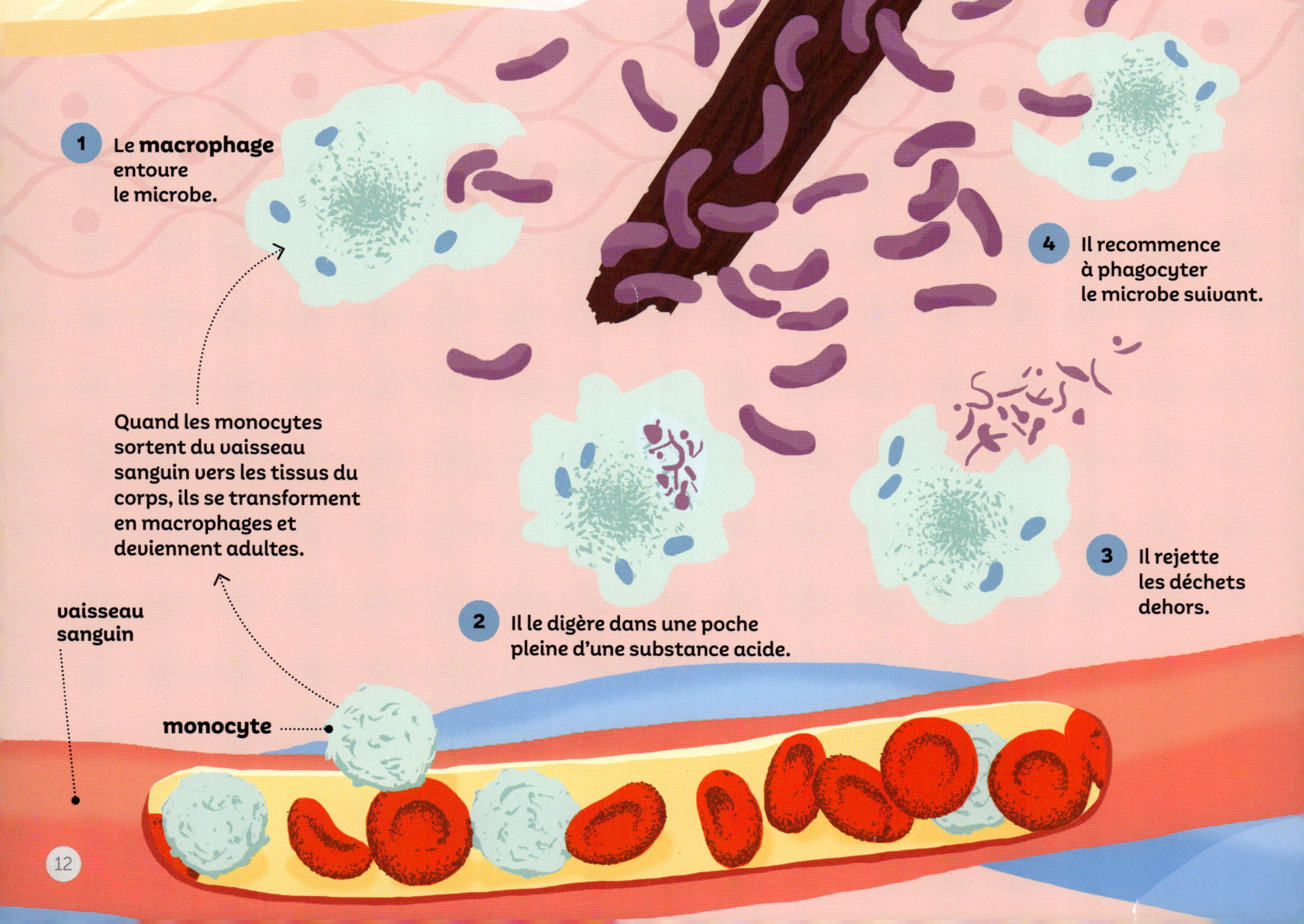

Pourquoi on a de la fièvre ?

La fièvre permet au corps de lutter plus facilement contre les microbes. Elle accélère la circulation du sang, ce qui permet aux cellules de défense d'arriver plus vite sur le champ de bataille. Grâce à l'augmentation de la température, la reproduction des microbes est ralentie.

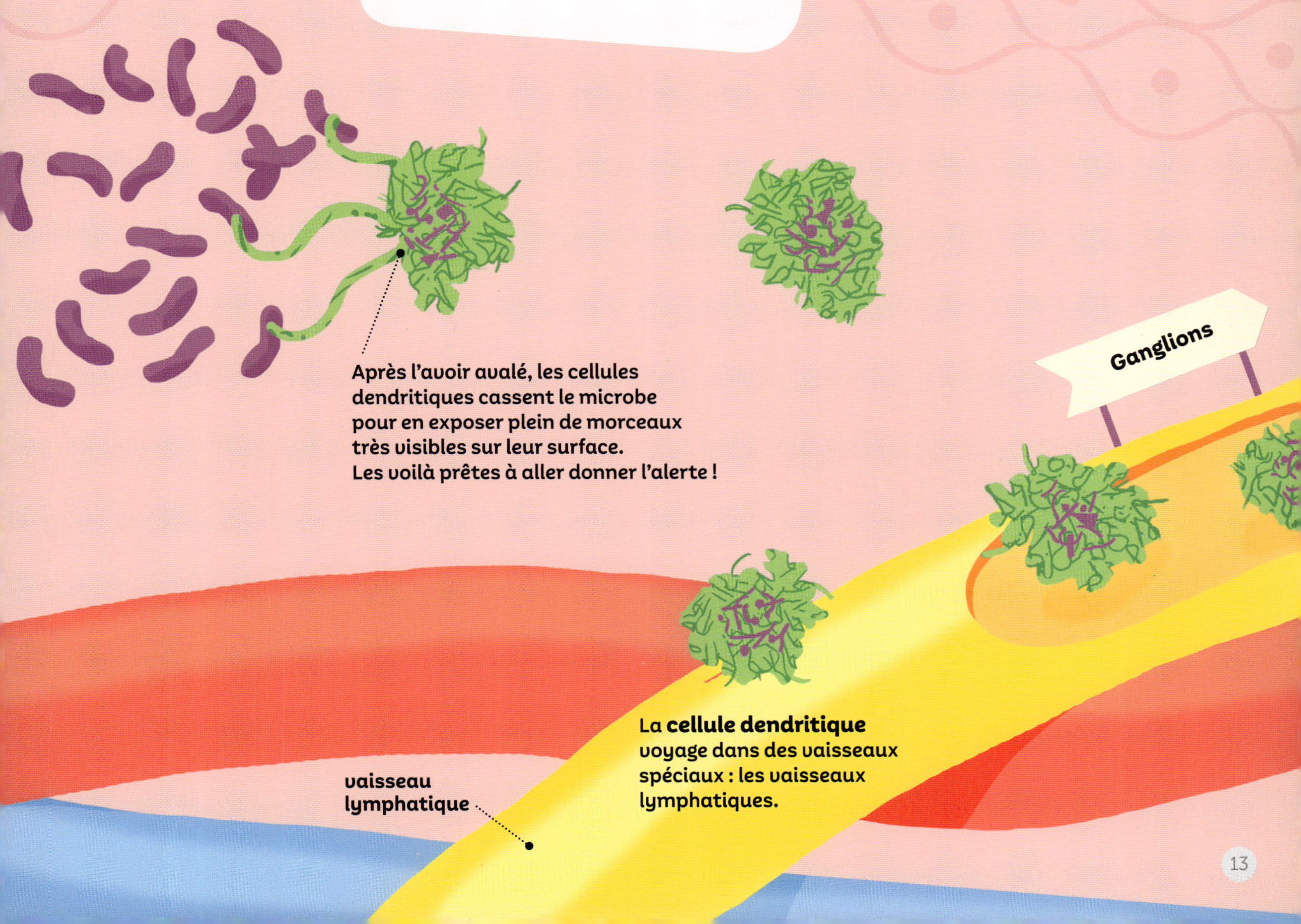

Que fait le corps si les microbes continuent à attaquer ?

Une fois que le microbe est identifié, le corps décide de quelle manière spécifique il va le combattre. Il mobilise une ou plusieurs sortes de cellules de défense, les lymphocytes. Il lui faut quelques jours pour se préparer. Cette défense du corps s'appelle la réponse immunitaire adaptative.

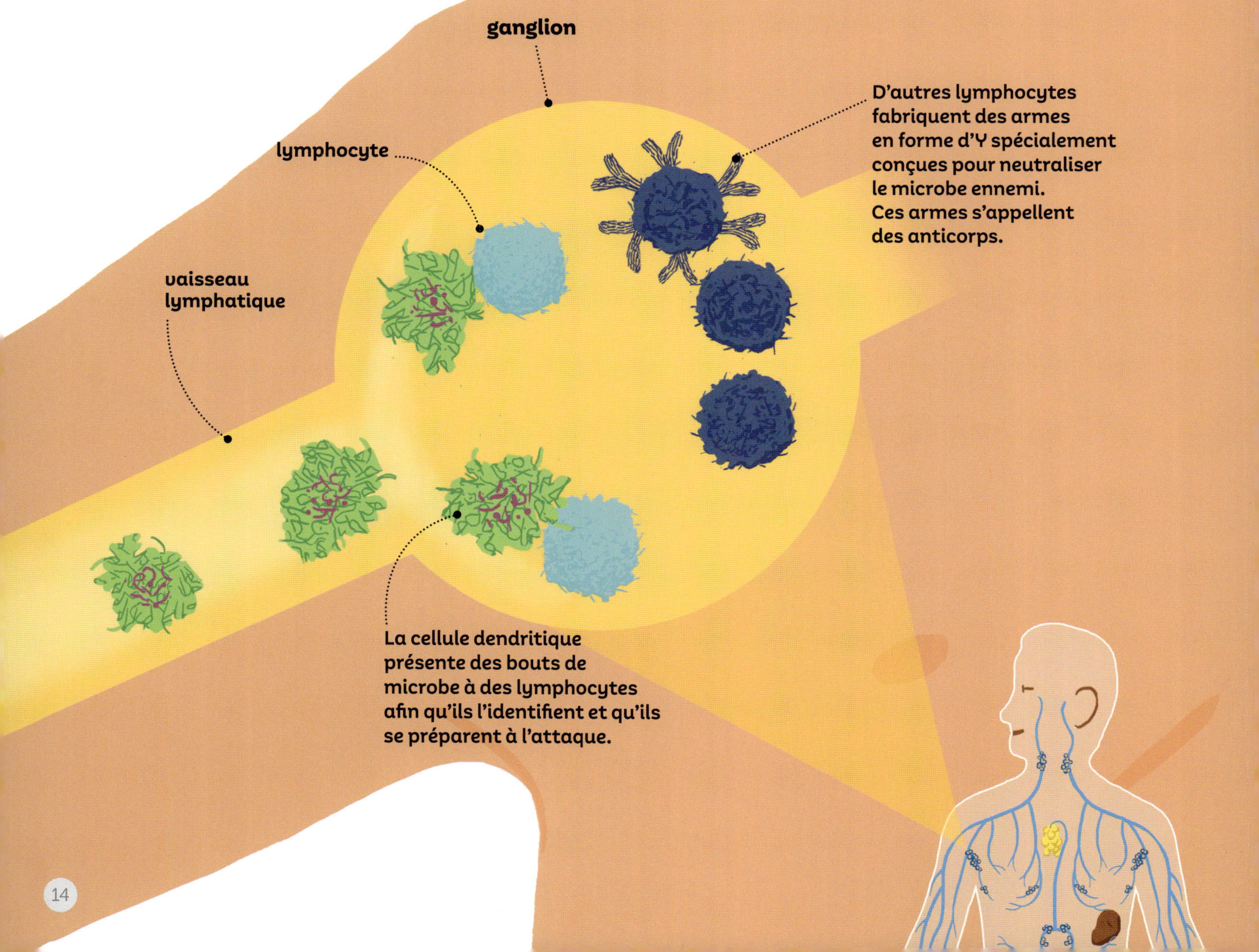

Le corps connaît-il tous les microbes ?

Non, il apprend à les connaître et à les combattre à mesure qu'il y est exposé. Dans les ganglions se trouvent des lymphocytes naïfs, qui n'ont encore jamais rencontré le microbe qui leur correspond. Ils s'activent quand on vient leur présenter un nouvel intrus.

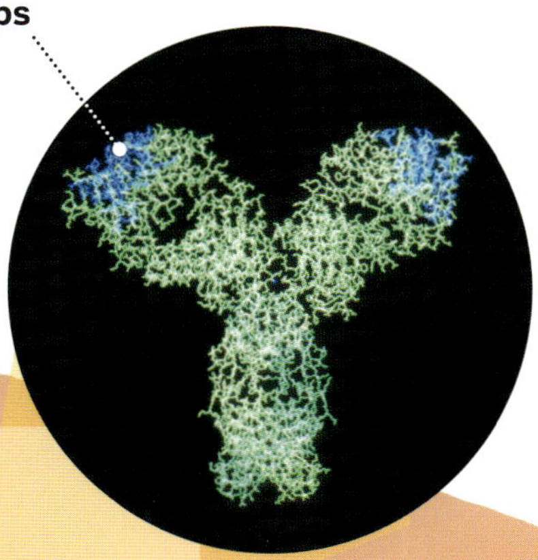

un anticorps

Ces lymphocytes combattent les microbes en les bombardant avec des anticorps.

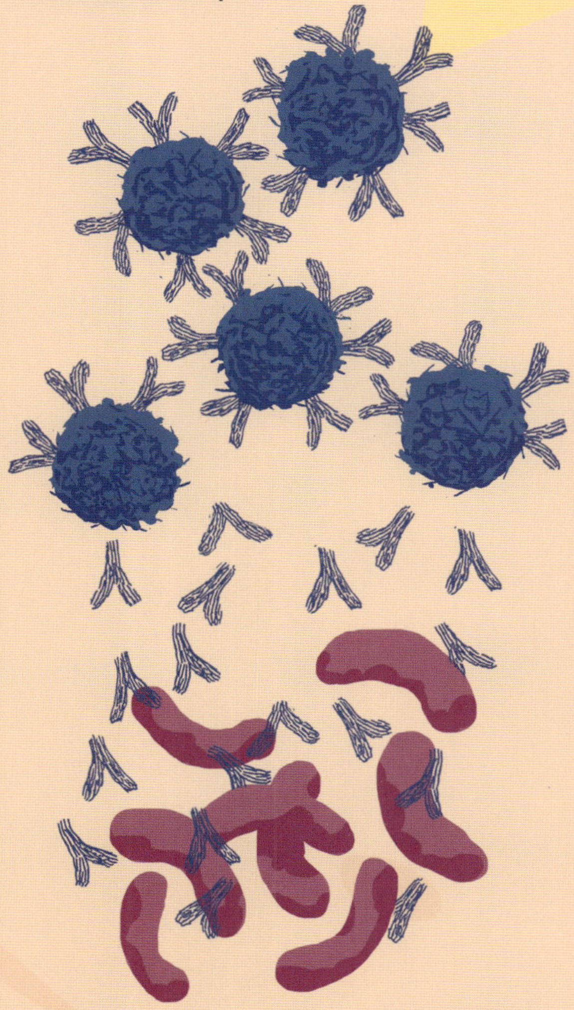

Comment le corps se souvient des microbes ?

Grâce à ses lymphocytes mémoire. Avec ces cellules, le corps conserve l'identité des millions de microbes qu'il a combattus et la manière de les vaincre. Ainsi, quand le même microbe l'attaque une deuxième fois, il se prépare plus rapidement à passer à l'attaque.

Les anti-corps ? C'est plutôt des anti-microbes !

Les vaccins, ça pique ?

Un peu ! Quand le médecin te vaccine, la plupart du temps il te fait une piqûre. Le vaccin contient soit un microbe très affaibli, soit un microbe inactif, soit une partie de ce microbe qui peut être reconnue par le système immunitaire humain.
Ainsi, quand il rencontrera le même microbe dans sa forme normale, ton corps, qui a gardé la mémoire de ce microbe grâce au vaccin, réagira rapidement et tu ne tomberas pas malade. Tu seras immunisé. Pour certains microbes, un ou plusieurs rappels de vaccin sont nécessaires quelques années plus tard, afin que le corps les garde bien en mémoire.

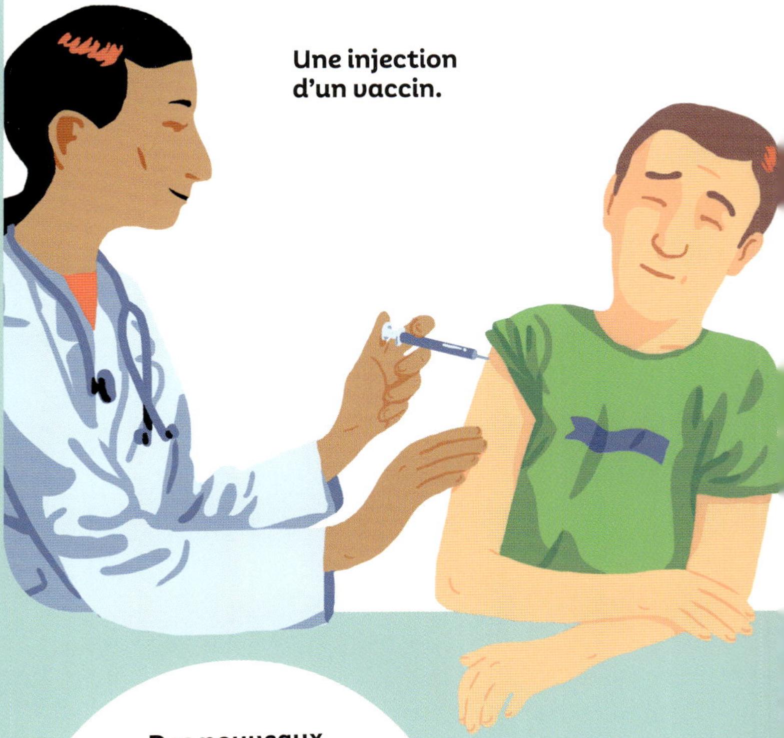

Une injection d'un vaccin.

Des nouveaux vaccins utilisent une technique différente : ils contiennent un message qui donne au corps le mode d'emploi pour fabriquer un morceau du microbe. Le corps peut alors apprendre à se défendre contre lui.

Le vaccin est utile à tout âge.

Y a-t-il un médicament qui tue tous les microbes ?

Non ! Il existe les antibiotiques qui luttent uniquement contre les bactéries. Pour nous soigner, ces médicaments s'attaquent aux bactéries qui nous rendent malades, mais aussi à celles qui nous sont utiles, comme les bactéries de notre intestin. C'est ce qui peut expliquer la diarrhée quand on en prend.

On ne prend des antibiotiques que s'ils sont prescrits par un médecin.

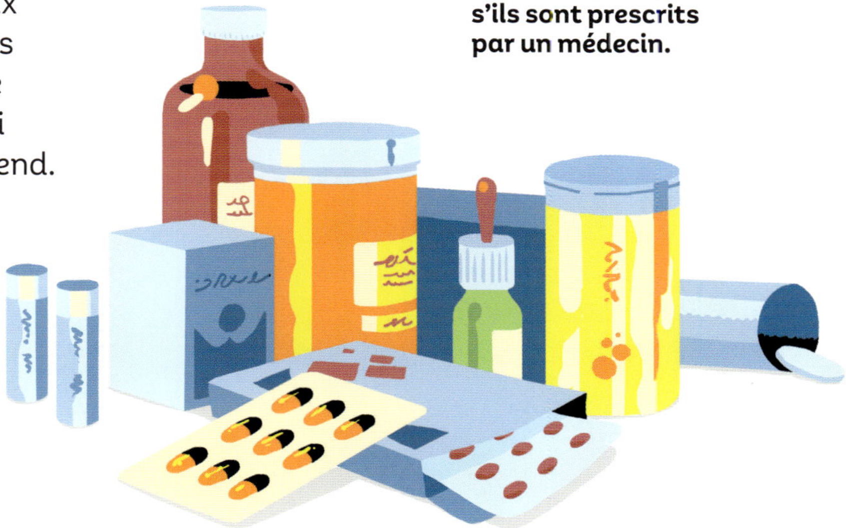

Le calendrier des vaccins

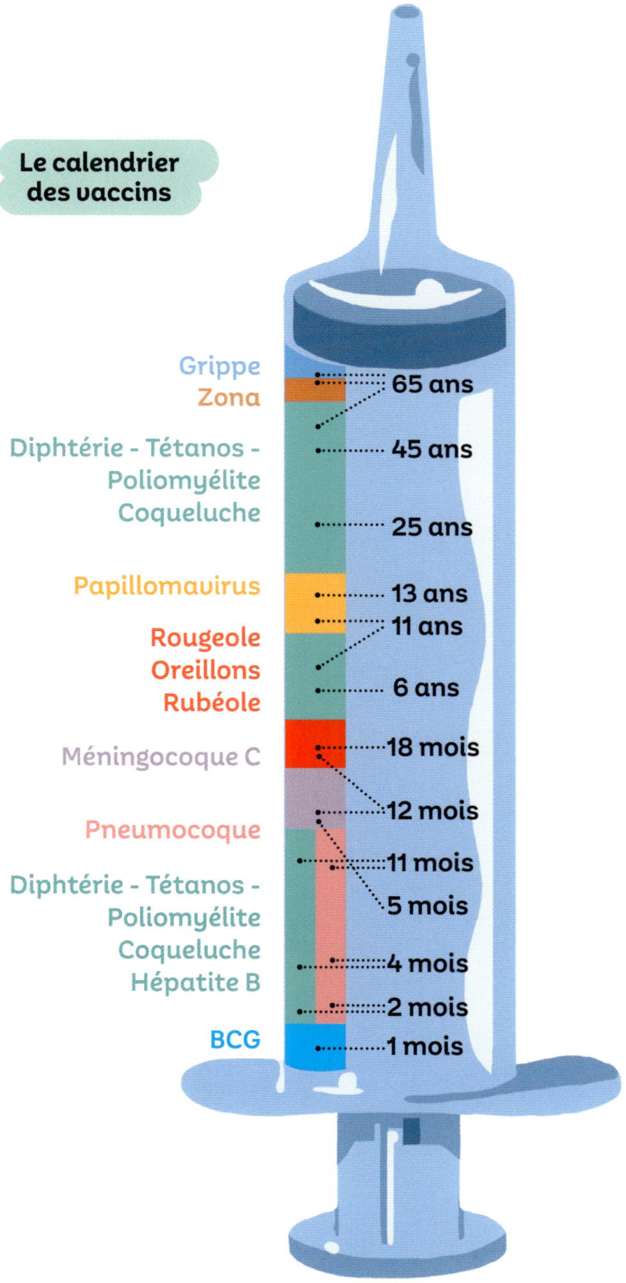

Et contre les virus ?

Pour aider le corps à lutter contre certains virus et à les empêcher de se multiplier, le médecin prescrit des médicaments spéciaux : les antiviraux. Ils sont très utiles car, en dehors des vaccins, il n'existe pas d'autre arme efficace contre les virus.

C'est quoi les bactéries résistantes ?

Les bactéries ne se multiplient pas exactement à l'identique. Parfois, on peut voir surgir une bactérie « résistante », plus forte que l'antibiotique. Elle transmet son superpouvoir aux bactéries autour d'elle et à toutes les nouvelles bactéries qu'elle fabriquera. Peu à peu, l'antibiotique n'a plus aucun effet contre elle, et il faut en prendre un autre. On dit que la bactérie est « panrésistante » quand elle a appris à résister à tous les antibiotiques connus.

1 **Les médecins et les vétérinaires prescrivent des antibiotiques aux humains et aux animaux pour les soigner ou pour prévenir des maladies.**

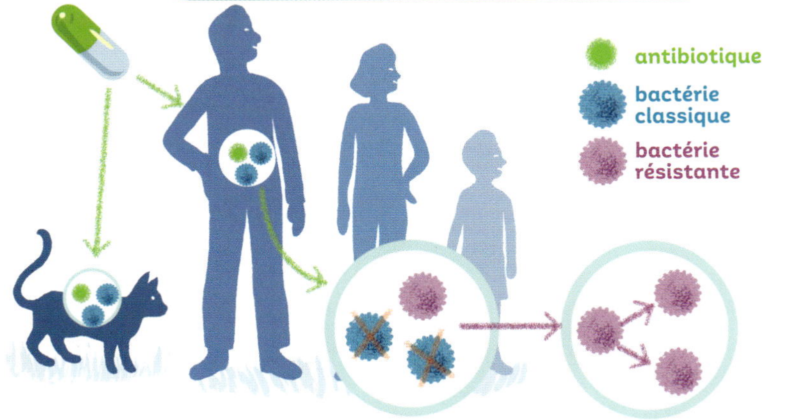

Les antibiotiques tuent la plupart des bactéries.

Les bactéries résistantes aux antibiotiques survivent ou apparaissent et se multiplient.

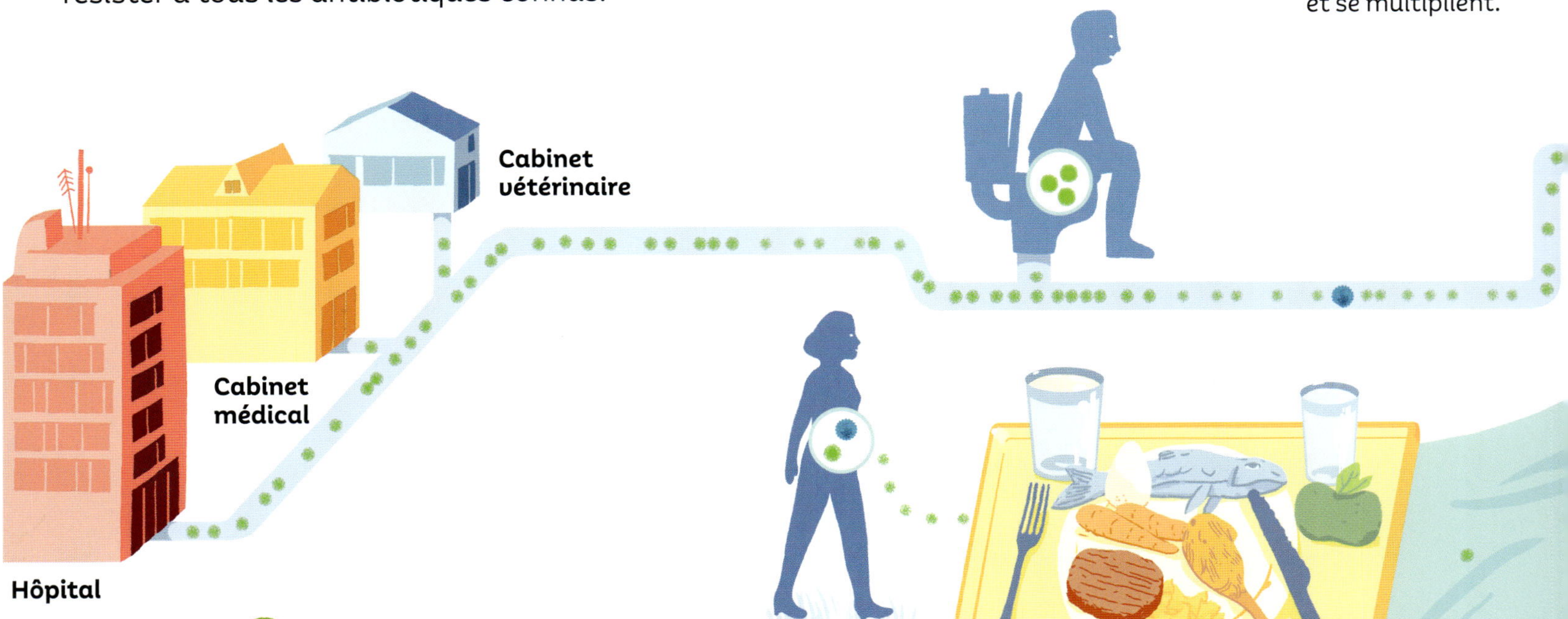

4 **On les avale dans notre alimentation (viande, poisson, légume, céréales, laits...).**

INCROYABLE !

En France, en 2018, 1 200 tonnes d'antibiotiques ont été vendus pour soigner les humains et les animaux, soit le poids d'environ 200 gros éléphants !

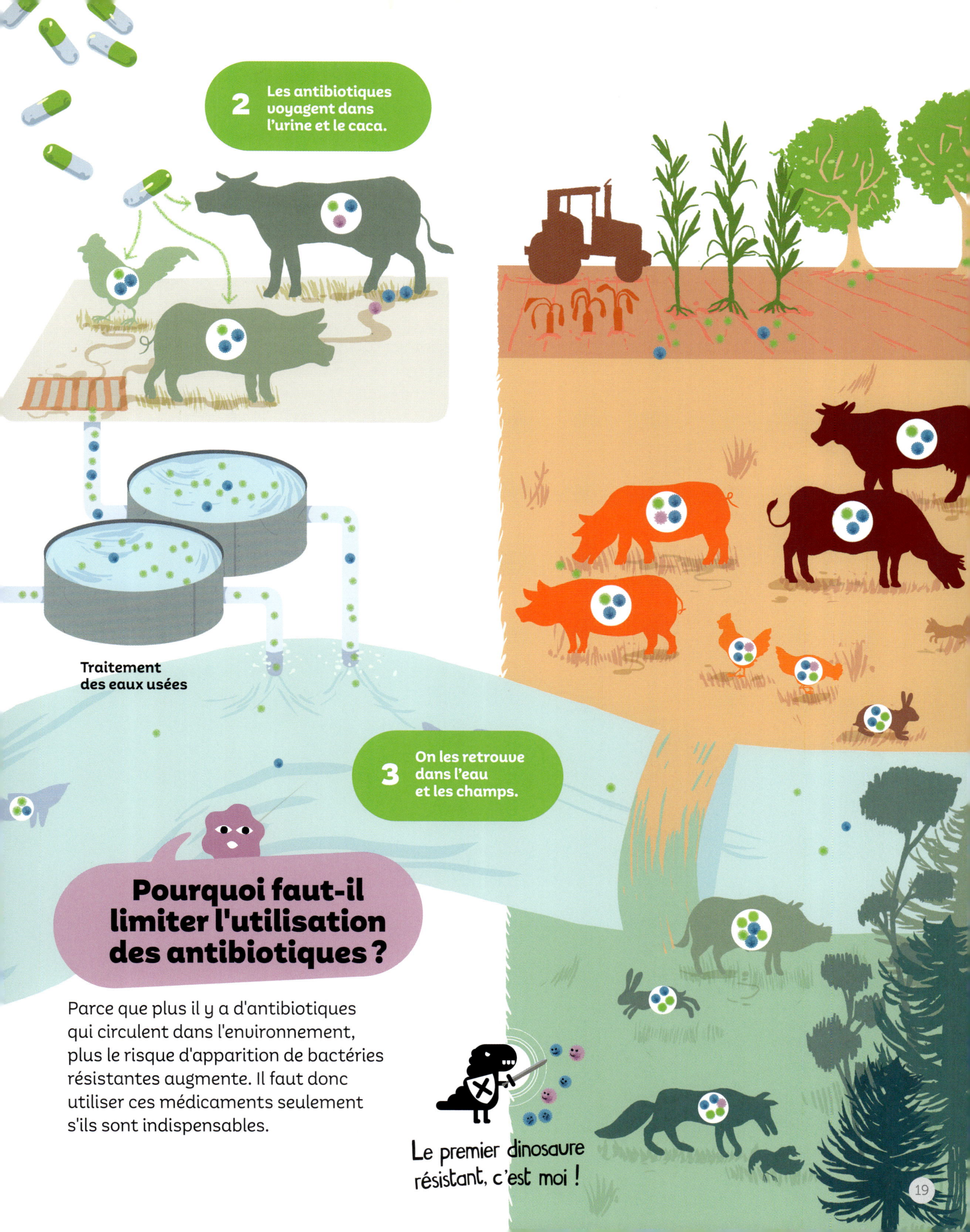

Pourquoi faut-il limiter l'utilisation des antibiotiques ?

Parce que plus il y a d'antibiotiques qui circulent dans l'environnement, plus le risque d'apparition de bactéries résistantes augmente. Il faut donc utiliser ces médicaments seulement s'ils sont indispensables.

Qui étaient les médecins-bec ?

Pendant la grande peste du 17e siècle, la tenue des médecins (grand manteau, gants en cuir, chapeau, lunettes et masque) les faisait ressembler à des oiseaux. À cette époque, on pensait que la maladie se transmettait par les odeurs. Pour se protéger de la maladie et aussi pour purifier l'air chez leurs malades, les médecins garnissaient leur masque-bec de choses très parfumées comme des plantes, des épices ou même des éponges de vinaigre.

6e siècle av. J.-C.

Les Romains construisent des égouts souterrains. En collectant ainsi les eaux usées, ils évitaient la contamination de l'eau utilisée pour boire, cuisiner et se laver.

2e siècle

Le médecin grec **Galien** invente une potion à base d'argile pour assécher les pustules d'une terrible maladie, la variole.

Moyen Âge

Certains **guérisseurs** proposent de porter des amulettes contenant du poison, des griffes, des yeux de crabe, etc. Contre la peste, le conseil est de manger un oignon cru en guise de dessert à chaque repas.

1546

L'Italien **Girolamo Fracastoro**, qui était à la fois médecin, poète et philosophe, soupçonne des micro-organismes invisibles et contagieux d'être à l'origine des épidémies

Fin 17e siècle

Le bain revient à la mode, après deux à trois siècles durant lesquels on l'accusait d'ouvrir les pores de la peau et de laisser entrer les maladies.

Qu'est-ce que la pasteurisation ?

Inventée par Louis Pasteur en 1865, la pasteurisation consiste à chauffer un aliment à très forte température pour tuer beaucoup de ses microbes, puis à le refroidir très vite. Cela permet de conserver l'aliment plus longtemps.

1847

Le docteur hongrois **Ignace Semmelweis** a l'intuition que les mains des médecins peuvent transporter des éléments invisibles qui rendent malades ses patientes. Il se bat pour imposer le lavage des mains et obtient des résultats spectaculaires.

1885

Louis Pasteur prouve que les microbes se développent là où il y a déjà des microbes. Il invente aussi le premier vaccin en 1885 : celui contre la rage.

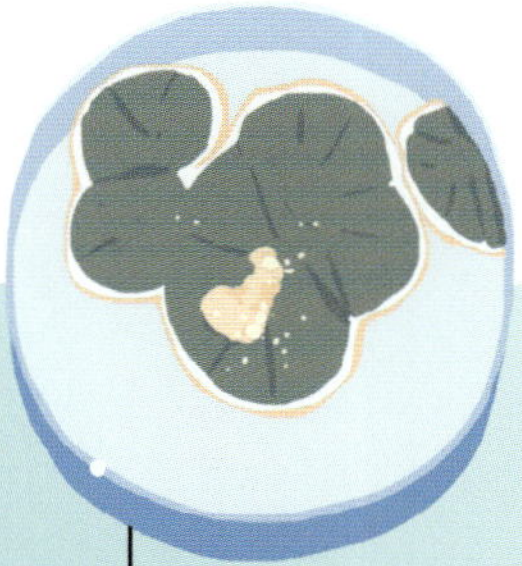

1928

Le médecin écossais **Alexander Fleming** découvre le premier antibiotique, la pénicilline, en observant le développement d'une moisissure autour de laquelle les bactéries qu'il cultivait n'ont pas survécu.

1980

Le cryo-microscope électronique (cryo ME) fait encore mieux que le microscope électronique inventé en 1931 : il permet de grossir 200 millions de fois et de voir l'intérieur des virus.

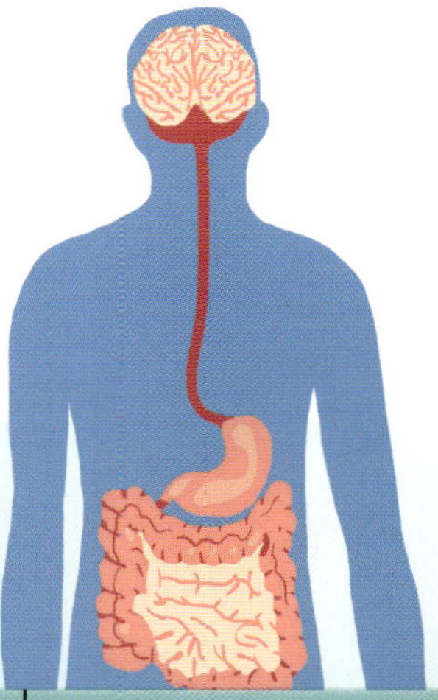

20e et 21e siècle

Grâce à l'évolution technologique des outils scientifiques, on découvre l'existence du **microbiote intestinal** et sa communication avec le cerveau.

Y a-t-il des mutants ?

Certains virus, comme celui de la rougeole, sont stables au fil du temps et le vaccin suffit à nous en protéger pendant plusieurs années. Mais d'autres virus évoluent régulièrement, comme ceux de la grippe et de la Covid-19. On dit qu'ils mutent. C'est pour cette raison qu'il y a un vaccin de la grippe différent chaque année.

INCROYABLE !

Parfois, un microbe dont on n'entendait plus parler peut revenir. C'est le cas du virus de la maladie Ebola qui a frappé des milliers de gens en 2014.

Virus de la rougeole

Quand le virus de la rougeole entre dans une cellule pour se répliquer, les nouveaux virus qui en ressortent sont presque toujours identiques aux ancêtres.

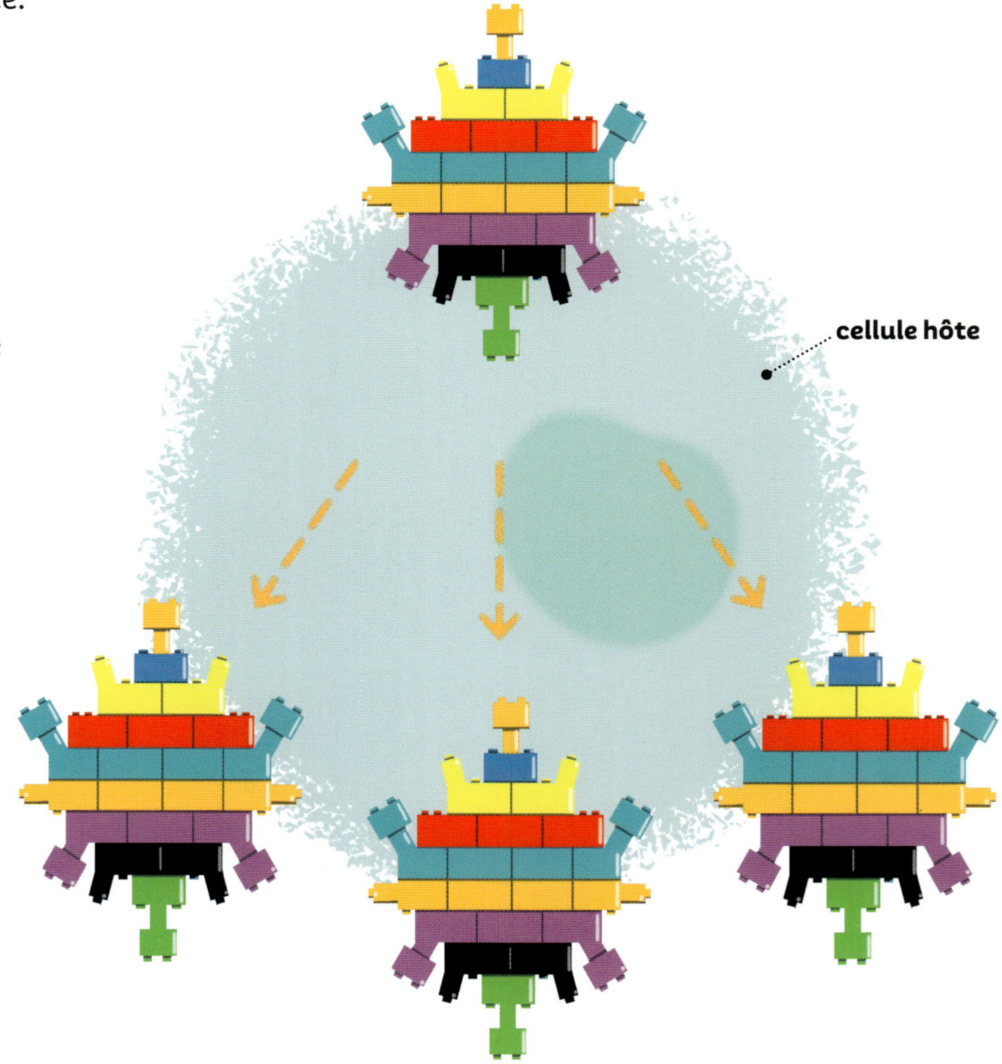

Comment font-ils ?

Il existe différentes manières de muter. Si les virus étaient construits avec des petites briques de couleurs, le virus mutant pourrait avoir d'autres couleurs que celles de ses ancêtres, ou bien il pourrait avoir utilisé les briques de la même couleur mais en les assemblant de façon différente.

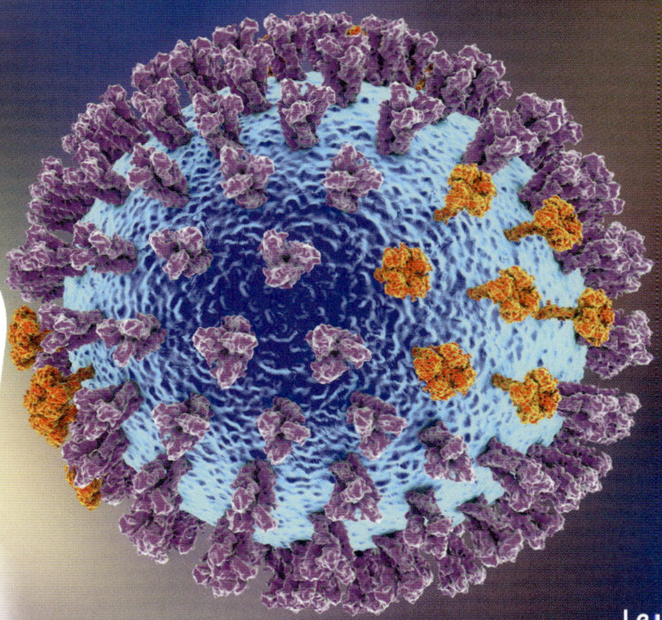

Le virus de la grippe

Virus de la grippe

Quand le virus de la grippe entre dans une cellule pour se répliquer, beaucoup des nouveaux virus qui en ressortent sont différents de leurs ancêtres.

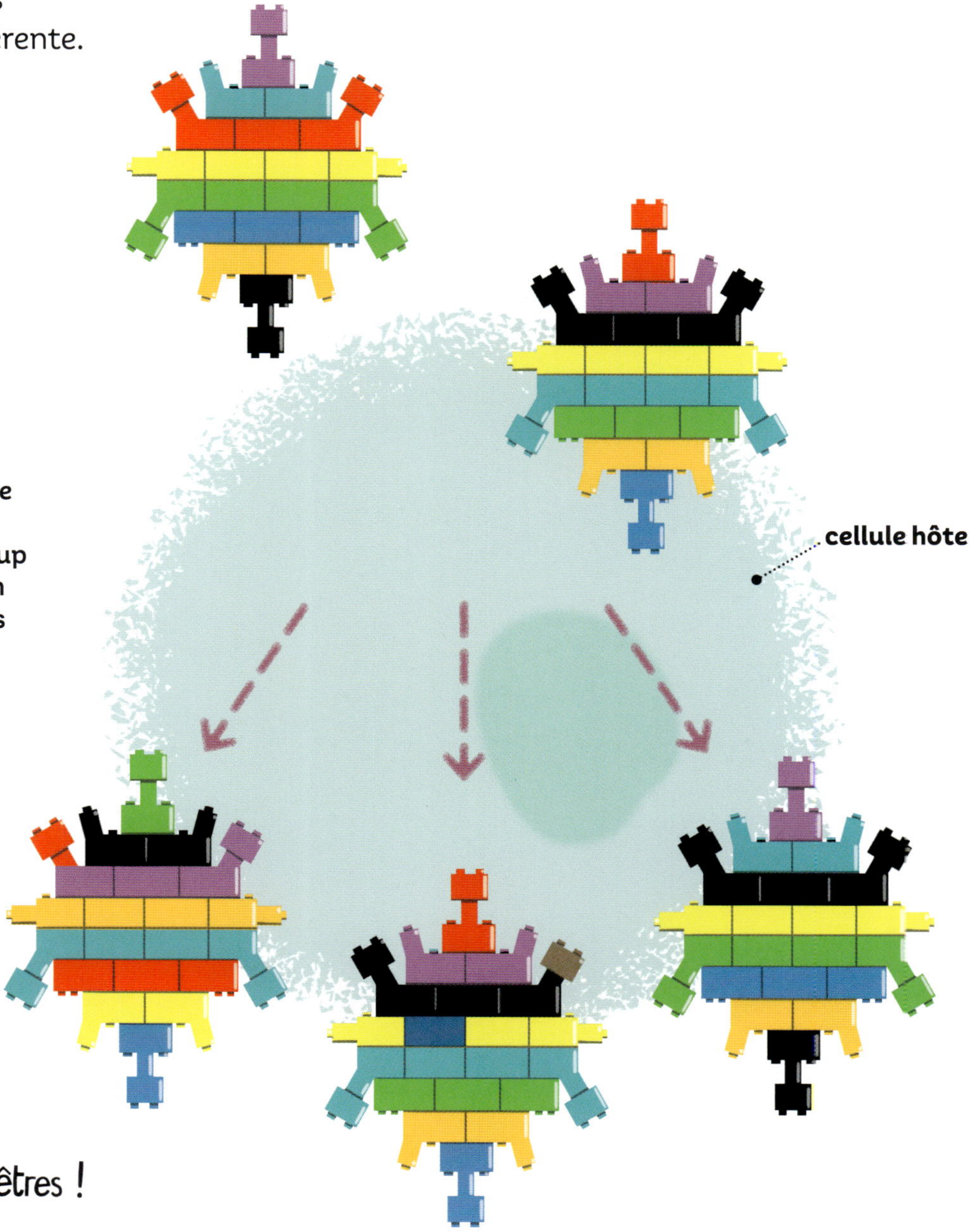

Les microbes aiment-ils voyager ?

Une chose est sûre : ils voyagent beaucoup ! Par exemple, le microbe de la Covid-19 a commencé à rendre malades de nombreuses personnes dans une région de Chine en 2019. On appelle ça une épidémie. Puis, le microbe a voyagé en 2020 avec les humains et avec tout ce qui est transporté autour de la planète. Petit à petit, il a contaminé des gens dans le monde entier. On parle alors de pandémie.

Les épidémies de maladies graves marquent notre histoire car elles causent beaucoup de morts à travers le monde.

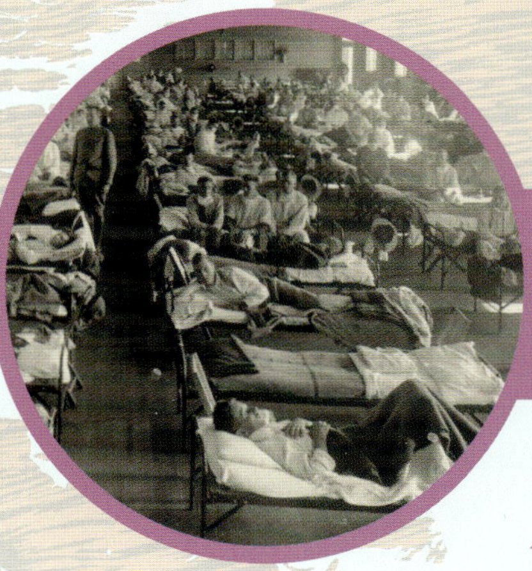

GRIPPE ESPAGNOLE

Origine : États-Unis • 1918-1920

INCROYABLE !

Pour aider à lutter contre les épidémies et les pandémies du monde entier, l'Organisation mondiale de la Santé (OMS) fait circuler les informations sur les maladies et fait des recommandations aux différents pays membres.

Comment peut-on se protéger ?

On fait attention à soi pour protéger sa santé et on adopte les gestes barrières quand il le faut. La protection de la planète est aussi importante : en préservant des espaces naturels et le climat, on évite que les animaux sauvages et les humains se rapprochent et se transmettent leurs microbes. Et bien sûr, les scientifiques continuent leurs recherches pour mieux connaître les microbes et les moyens de les combattre.

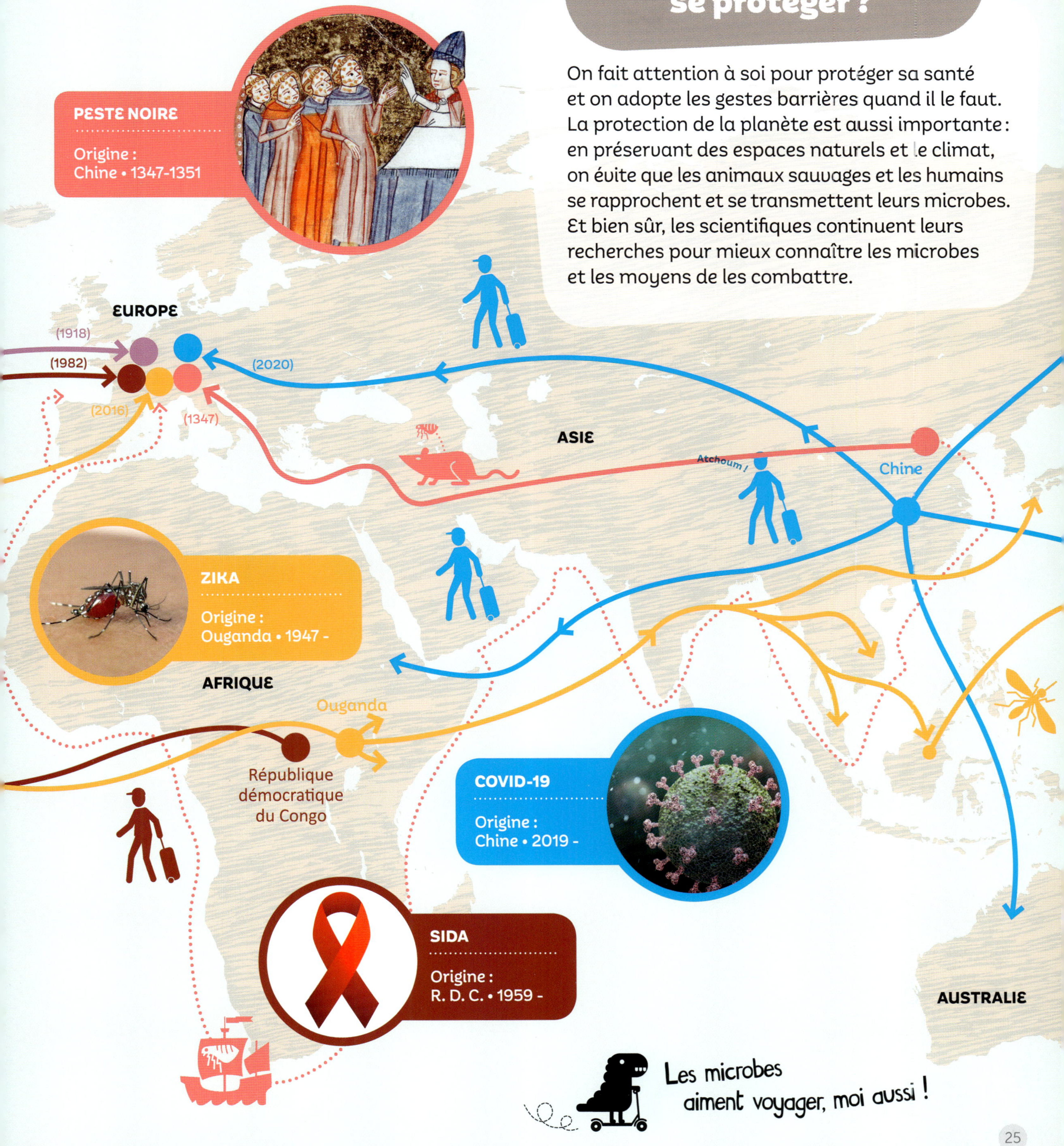

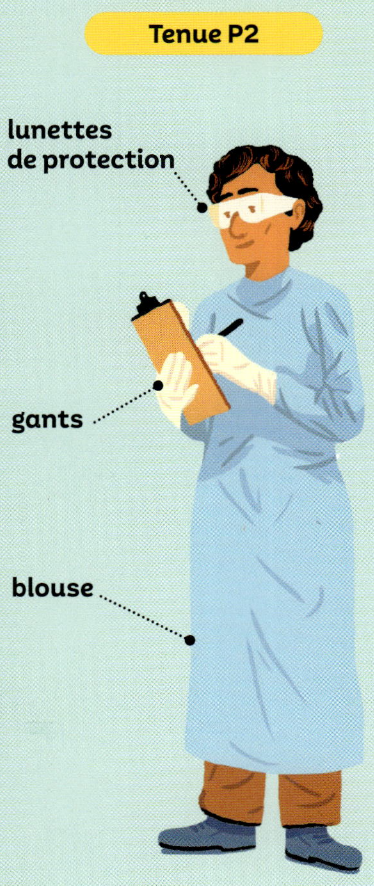

Que cherchent les chercheurs ?

À bien identifier le microbe afin de trouver une solution efficace pour le combattre. Ils observent sa forme, ils cherchent l'endroit d'où il provient (par exemple un animal réservoir), ils regardent comment il se réplique, ils mesurent sa capacité à évoluer, ils étudient la manière dont le microbe entre et éventuellement se cache dans le corps et la façon dont il déclenche une maladie.

Le badge qui déverrouille la porte de ce laboratoire n'est confié qu'aux personnes autorisées, qui ont suivi une formation sur la sécurité.

Que fait-on à l'Institut Pasteur ?

L'Institut Pasteur mène de nombreuses recherches, comme l'étude des microbes ou la résistance des bactéries aux antibiotiques. Grâce à ses 32 instituts répartis dans 25 pays, l'Institut Pasteur est présent sur les 5 continents au cœur de nombreuses zones où sévissent les maladies issues de microbes. Comme ça, quel que soit l'endroit où un microbe commence à créer une épidémie, il y a toujours un chercheur d'un Institut Pasteur pour venir prélever un échantillon et l'étudier !

Institut Pasteur

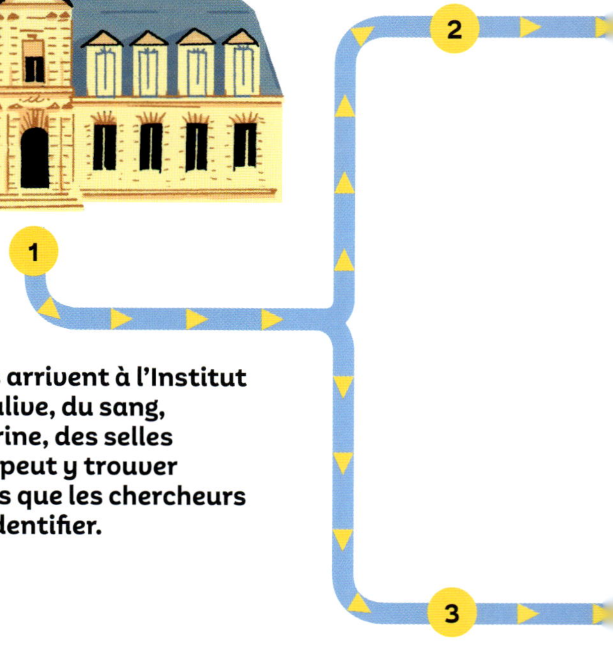

Des échantillons arrivent à l'Institut Pasteur : de la salive, du sang, du mucus, de l'urine, des selles par exemple. On peut y trouver plein de microbes que les chercheurs vont essayer d'identifier.

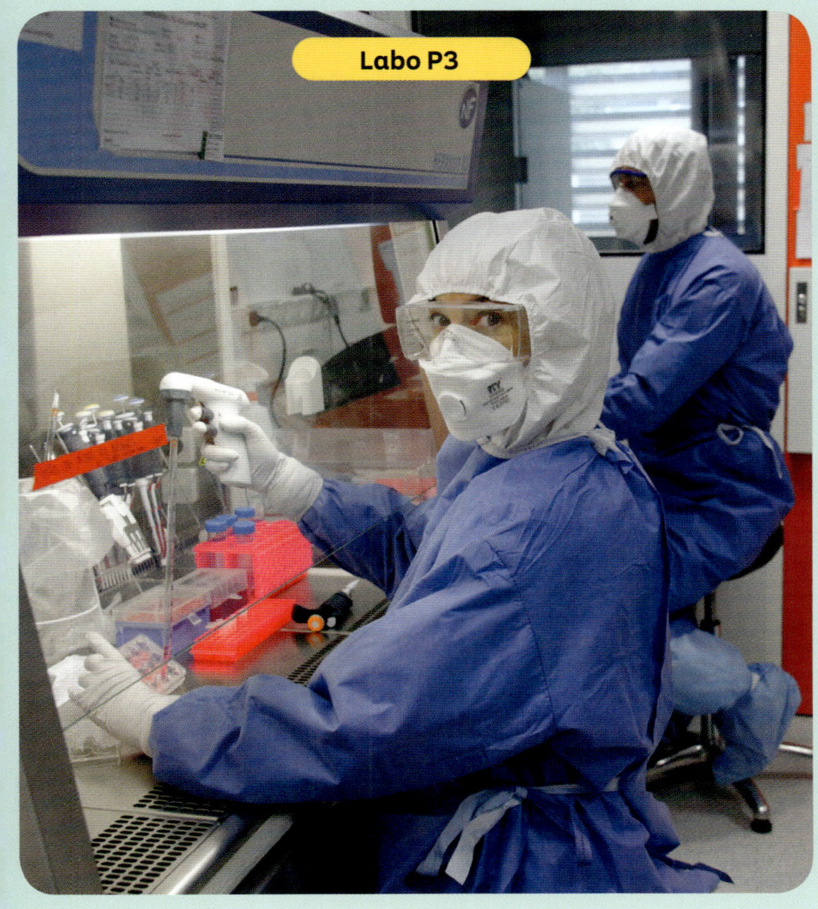

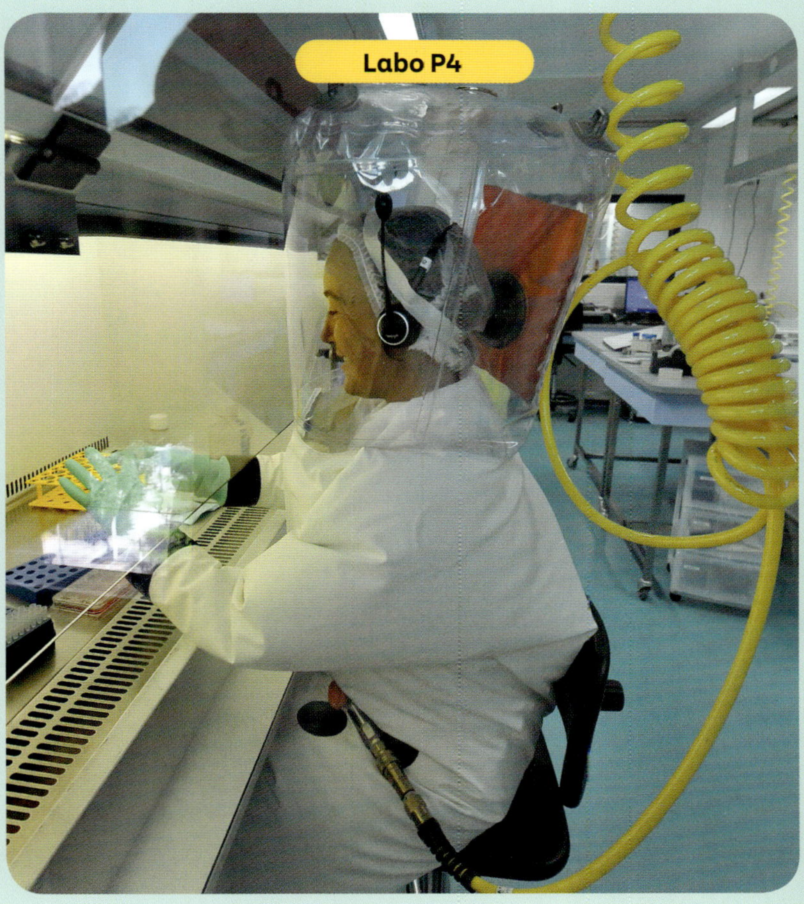

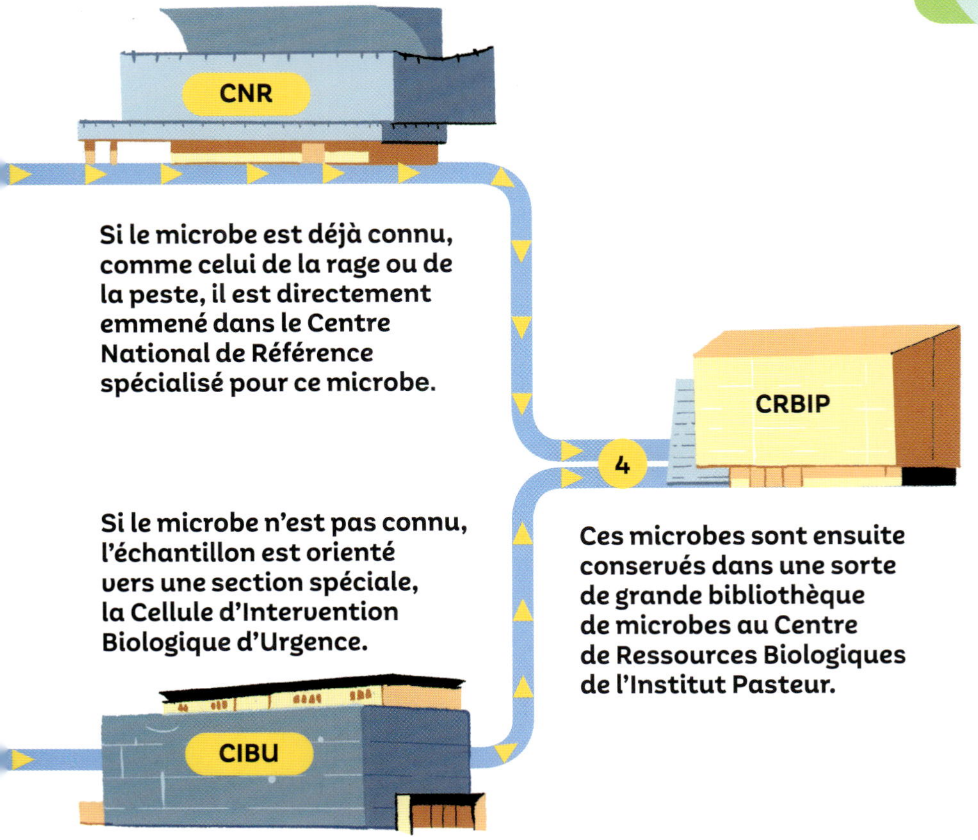

Les microbes s'attaquent-ils aux chercheurs ?

Oui, comme à tous les humains. C'est pour ça que les chercheurs se protègent. Dans les laboratoires appelés P1 ou P2, où sont étudiés les microbes pas ou peu dangereux, les mesures de sécurité sont légères ou peu contraignantes. Dans les laboratoires P3 ou P4, dans lesquels on trouve des microbes dangereux et très dangereux, les règles sont beaucoup plus strictes. Dès les sas d'entrée, les chercheurs s'équipent avec des tenues spéciales (combinaison, doubles gants, lunettes ou même en scaphandre dans les P4). L'air ne peut pas s'échapper de ces laboratoires, et tous les déchets sont détruits à très hautes températures.

Des virus peuvent-ils soigner ?

Oui ! Les chercheurs transforment certains virus pour nous soigner. Par exemple, ils travaillent sur des virus qui attaquent des bactéries qui nous rendent malades. Cette technique pourrait remplacer les antibiotiques pour soigner des infections de la peau, de la vessie, des os… Les chercheurs travaillent aussi à modifier des virus pour soigner des cellules malades en se glissant à l'intérieur.

Les médecins utilisent les avancées scientifiques pour mieux soigner les patients. C'est grâce à l'évolution des connaissances et des techniques qu'on améliore notre qualité de vie.

Les chercheurs travaillent main dans la main avec les médecins pour mieux connaître les microbes. Ils découvrent comment certaines bactéries, comme celles de notre intestin, nous aident à vivre. Ils cherchent aussi comment combattre plus efficacement les microbes qui nous rendent malades.

INCROYABLE !

Des chercheurs ont eu l'idée d'utiliser un vaccin bien connu, celui contre la rougeole, et de modifier le virus affaibli qu'il contient pour apprendre au corps à se défendre contre d'autres maladies, comme le chikungunya et la fièvre de Lassa. C'est une technique ingénieuse qui pourrait être vraiment utile !

À toi de jouer !

le quiz

Quel virus change souvent : celui de la rougeole ou celui de la grippe ?

réponse p.23

À quoi sert le masque qu'on porte sur la bouche et le nez ?

réponse p.9

Quelle est la forme des anticorps ?

réponse p.14

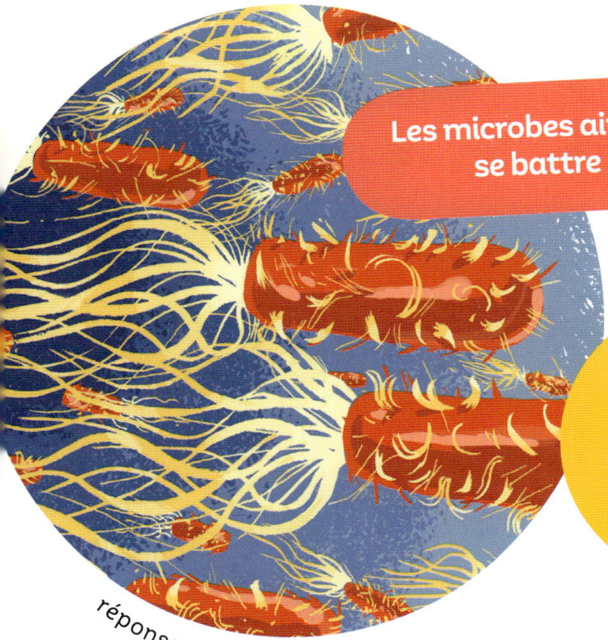

Les microbes aiment-il se battre ?

réponse p.10

Y a-t-il des microbes dans le caca ?

réponse p.4

Comment les yeux se protègent des microbes ?

réponse p.8

Où les virus aiment-ils se cacher ?

réponse p.11

Qu'est-ce qui donne aux pieds une odeur de fromage pourri ?

réponse p.5

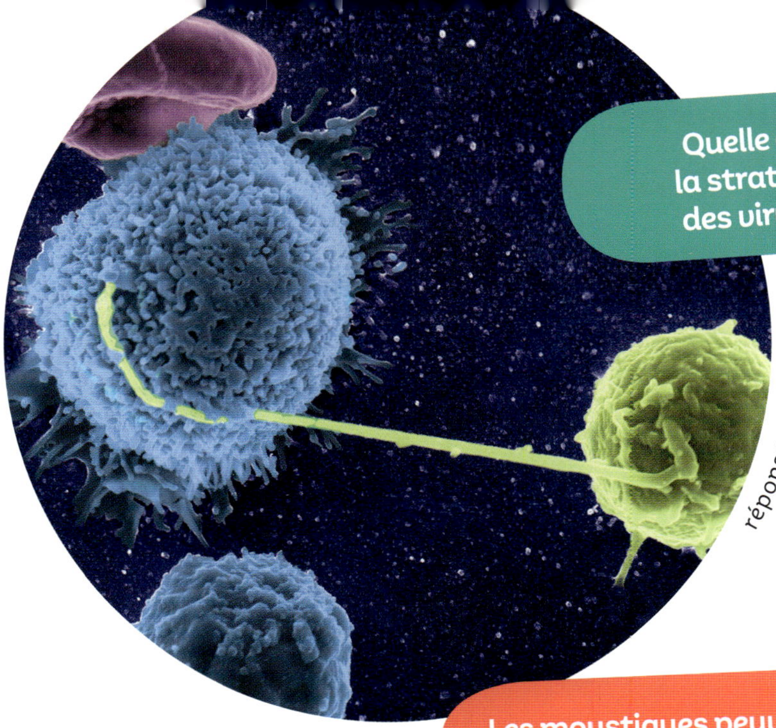

Quelle est la stratégie des virus ?

réponse p.11

Que portaient les médecins-bec sur la tête ?

réponse p.20

La fièvre : amie ou ennemie des microbes ?

réponse p.13

Les moustiques peuvent-ils transporter des microbes ?

réponse p.7

Comment voyagent les microbes ?

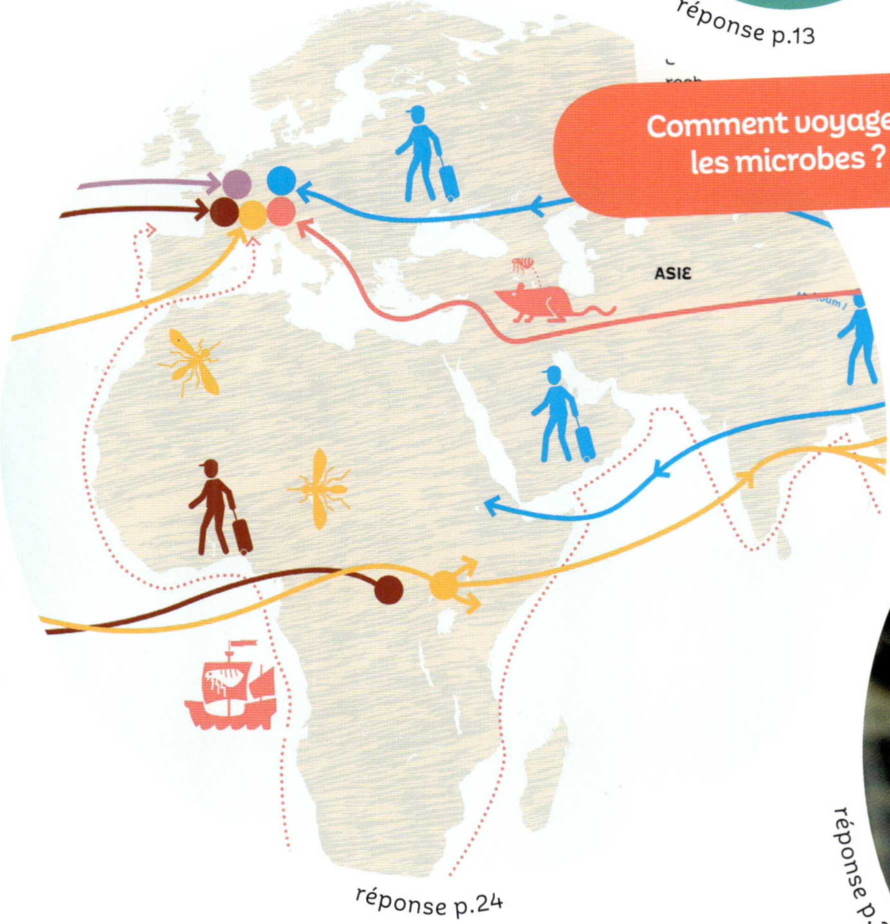

réponse p.24

Quel est le laboratoire le plus sécurisé : P3 ou P4 ?

réponse p.27

Planète microbes

INSTITUT PASTEUR — Fondation reconnue d'utilité publique habilitée à recevoir des dons et legs

Textes : **Muriel Zürcher** • Illustrations : **Nicolas André**
Collaboration : **Monica Sala** • Photogravure : **Irilys**

L'autrice et les éditions Nathan tiennent à remercier l'Institut Pasteur ainsi que ses collaborateurs pour leur participation à cet ouvrage, et en particulier Madame Monica Sala, Directrice de l'Enseignement et M. Arnaud Fontanet, épidémiologiste et directeur du Centre de Santé global de l'Institut Pasteur.

Crédits photographiques : Couverture : Istock **p 2 ht** Institut pasteur/Chantal Le Bouguénec, Laurent Debarbieux et Perrine Bomme. Colorisation Jean-Marc Panaud **p 2 bas** Alice Dohnalkova, Pacific Northwest National laboratory **p 11 ht** Institut Pasteur/S. Guadagnini, M-C. Prévost, N. Sol-Foulon, O. Schwartz. Colorisation J-M. Panaud **p 11 bas** Institut Pasteur/Virus et immunité **p 15** Institut Pasteur/Roberto J. Poljak **p 16** AdobeStock **p 21** BIS/ Archives Nathan **p 23** Shutterstock **p 24** Wikimedia / National Museum of Health and medecine **p 25 ht** AKG Images/SPL **p 25 bas** Shutterstock **p 27 g** Divergence / François Guenet **p 27 d** IP3/Rolland Quadrini **p 28** AdobeStock **p 29** Shutterstock

Loi n° 49-956 du 16 juillet 1949 sur les publications destinées à la jeunesse, modifiée par la loi n° 2011-525 du 17 mai 2011

ISBN : 978-2-09-249091-4 Dépôt légal : avril 2021 // Achevé d'imprimer en mars 2022 par Pollina (85400 Luçon, France)
N° d'éditeur : 10279681
www.nathan.fr

Découvre aussi dans la même collection :